Richard Deiss

Er^dkunde ist König

111 Reisebuchhandlungen, die man kennen sollte. Stadtmodelle, die man sehen sollte.

Adresse des Autors:
Machnower Str. 65
D-14165 Berlin
Richard.deiss@gmail.com

Mitarbeit am Manuskript: Wolfgang Heinrich, Etzbach

Anregungen und Kommentare sind willkommen und werden in der nächsten Auflage berücksichtigt.

Herstellung und Verlag: BoD- Books on Demand, Norderstedt

Siebte Auflage, Originalausgabe

© Richard Deiss, Berlin 2020

Printed in Germany

Der Inhalt dieses Buches entspricht der Privatmeinung des Autors.

ISBN   978-3-844-8149-34

Bibliografische Information der Deutschen Nationalbibliothek

Die Deutsche Nationalbibliothek verzeichnet diese Publikation in der Deutschen Nationalbibliografie; detaillierte bibliografische Daten sind im Internet über http://dnb.d-nb.de abrufbar.

Inhalt

Vorwort

Dieses kleine Taschenbuch möchte einen Überblick geben über die etwa 100 Reisebuchhandlungen und geographischen Buchläden in Europa. Leider ist die Zahl in den letzten Jahren deutlich geringer geworden.

Seit der sechsten Auflage im Sommer letzten Jahres ist beispielsweise Schwarz in Frankfurt geschlossen worden.

Das allgemeine Buchladensterben, das auch Reisebuchläden betrifft, macht eine Aktualisierung zu einer fast traurigen Angelegenheit. Deshalb habe ich dieser Auflage ein neues Kapitel (plastische) *Stadtmodelle* beigefügt, mit Anfangs erst acht Modellen, welches jedoch mit jeder Ausgabe erweitert werden soll, um den durch geschlossene Buchhandlungen freiwerdenden Platz auszufüllen. Immerhin fallen Stadtmodelle ein bisschen in den geographischen Kontext dieses Buches und zu diesem Thema gibt es bisher keinen Führer.

Besonders schöne Buchläden sind im Buch mit einem Stern ★ gekennzeichnet, solche mit großer Buchfülle mit einem Buchstapel ☙, solche mit gewisser historischer Bedeutung mit einem Gebäude 🏛.

Weil die Kurzbeschreibung der etwa 100 Reisebuchläden noch kein Taschenbuch füllt, ist zudem eine Liste wichtiger Reisebücher enthalten.

Ich hoffe, dieser kleine Band regt die Leser an, bekannte Reisebuchhandlungen zu besuchen und neue zu erkunden, sowie in Reisebüchern zu schmökern. Bleibt zu hoffen: der Kunde, aber auch Erdkunde, ist in diesen Buchläden König.

Berlin, im Januar 2020
Richard Deiss

1. Die größten, ältesten, schönsten Europas

1.1 Die ältesten Reisebuchhandlungen

Die 1971 gegründete Pariser Buchhandlung **Ulysse** behauptet auf ihrer Webseite, die älteste Reisebuchhandlung Europas zu sein. Jedoch sind vor allem Landkartenhandlungen, die später ihr Angebot auf Bücher ausweiteten, oft viel älter. So erhielt Simon Schropp in Berlin bereits 1742 von Friedrich dem Großen die Genehmigung, eine Kartographie-Anstalt zu eröffnen, die auch Reiseführer verkaufte. Sie wurde später immer mehr zur Buchhandlung und ist seither achtmal umgezogen, zuletzt 2008 an den heutigen Standort in Berlin-Charlottenburg. Die Landkartenhandlung des österreichischen Verlages *Freytag&Berndt* wurde bereits 1885 gegründet. Den daraus entstandenen Buchladen gibt es seit 1920 im Artaria-Haus am Kohlmarkt in Wien (Umzug in eine andere Straße im Mai 2014). *Landkarten Schwarz* in Frankfurt besteht seit 1903

In Kopenhagen entwickelte sich aus dem 1959 gegründeten *Nordisk Korthandel* der heute älteste Land-karten- und Reisebuchladen Skandinaviens.

Die Reisebuchhandlung *Regolf* in Valencia gibt auf ihrer Webseite 1881 als Gründungsjahr an. Noch älter ist *Stanfords* in London, 1853 von Edward Stanford als Reisebuchhandlung gegründet. Bereits seit 1901 ist der Laden in denselben Räumlichkeiten untergebracht. *Baedeker* in Wuppertal wurde bereits 1843 von Julius Baedeker, einem Verwandten des Reisebuchautors Karl Baedeker, gegründet, entwickelte sich aber erst in den letzten 20 Jahren zu einer reinen Reisebuchhandlung.

Eine lange bestehende Buchhandlung mit Reiseschwerpunkt ist die 1876 eröffnete *Librairie de la Bourse* in Marseille, lange Anlaufstelle für Seefahrer und Fernreisende.

Die ältesten europäischen Reisebuchhandlungen	
Schropp, Berlin	1742
Stanfords, London	1853
Librairie de la Bourse, Marseille	1876
Regolf, Valencia	1881
Landkarten Schwarz, Frankfurt	1903
Freytag&Berndt, Wien	1920 (1885)
Landkartenhaus, Freiburg	1932
Dr. Götze Land& Karte, Hamburg	1946
Geobuch, München	1956
Nordisk Korthandel, Kopenhagen	1959
Landkartenhaus Orgs, Essen	1970
Ulysse, Paris	1971
Travel Book Shop, Zürich	1975
Altair, Barcelona	1979

Zu den jüngsten Reisebuchhandlungen gehören die seit
2010 und 2011 gegründeten zwei Reisebuchladen-
Filialen in Karlsruhe und Heidelberg und Op Reis in
Lisse (2011, NL). Die neuen Globetrotter-Filialen in
Köln (2006), München (2011) und Frankfurt (2011)
bereichern mit einer über 200 m^2 großen Bücherecke
zudem den stationären Reisebuchhandel in Deutschland.

Weitere Reisebuchhandlungen nach Gründungsjahr	
Deutschland, Österreich und Schweiz	
Landkartenhaus Angermann, Wiesbaden	1985
Geobuch, Kiel	1990
Atlantis, Berlin	1992
Reisefibel, Leipzig	1994
Chatwins, Berlin	1997
Landkarten Bückereck, Hamburg	2001
Freytag&Berndt, Nürnberg	2005
Buchladen Dr. Seifert, Berlin	2006
Reisebuchladen Karlsruhe	2010
Reisebuchladen Heidelberg	2011

1.2 Die größten Reisebuchhandlungen

Mit nach eigenen Angaben 1000 m^2 auf 2 Etagen reklamiert *Altair* in Barcelona den Titel der größten Reisebuchhandlung Europas. Darin ist jedoch die Fläche für ein Reisebüro enthalten. *Stanfords* in London hatte bis 2018 auf 3 Etagen eine fast ähnliche Fläche (einschließlich eines Cafés), hat sich mittlerweile aber verkleinert. Eine Stanfords-Filiale in Bristol gehört mit 2 Etagen ebenfalls zu den größten Reisebuchhandlungen Europas.

Im Beneluxraum ist *Pied à terre* in Amsterdam mit etwa 400 m^2 der größte Reisebuchladen. In Deutschland steht die Hamburger Buchhandlung *Dr. Götze Land&Karte* mit 600 m^2 (die größte Fläche auf nur einer Etage) an der Spitze, gefolgt *Freytag&Berndt* in Regensburg (200 m^2, 2 Etagen) und *Schropp* in Berlin (180 m^2). In Österreich ist der *Freytag&Berndt* Stammladen in Wien mit 250 m^2 der größte (und mittlerweile einzige) Reisebuchladen.

Die größten europäischen Reisebuchhandlungen (m^2)	
Altair, Barcelona	1000
Stanfords, London	600
Dr. Götze Land& Karte, Hamburg	600
Stanfords, Bristol	475
Pied à terre, Amsterdam	400
De Waele, Lochristi	300
Atlas& Zansibar, Gent	250
Raconte moi la terre, Lyon	250
Freytag&Berndt, Wien	250
De Viaje, Madrid	250

Zu den kleinen Läden mit einem Reisebuchangebot auf weniger als 40 m^2 gehören der *Reisebuchladen* in Heidelberg, *Atlantis* (Berlin) und *Landkarten Büchereck* Hamburg.

1.3 Die schönsten Reisebuchhandlungen

Stanfords in London ist nicht nur einer der ältesten und größten Reisebuchläden, sondern mit ansprechenden Regalen und Teppichböden und Wänden - die mit geographischen Motiven bedruckt sind - auch einer der schönsten Europas. Altair in Barcelona ist ebenfalls groß und hat mit seiner schummrigen Beleuchtung eine besondere Atmosphäre.. Die im „Edwardian Stil" gehaltene *Daunts-Filiale* im Londoner Stadtviertel Marylebone verbreitet mit ihrem Oberlicht, ihren antiken Eichenholz-Regalen und ihren Galerien mit Holzgeländern ebenfalls eine besondere Atmosphäre.

Mit ihren teilweise unverputzten Ziegelwänden, ihren modernen hellen Massivholzregalen und dem Dielenboden ist *Alta Via* in Antwerpen eine ansprechend modern und aufgeräumt wirkende Reisebuchhandlung.

In Deutschland gehören *Dr. Götze Land&Karte* in Hamburg der *Geobuchladen* und Baedeker in Wuppertal in München zu den schönsten Reisebuchhandlungen.

Die 10 schönsten Reisebuchläden Europas
Altair, Barcelona
Alta Via, Antwerpen
Desnivel, Madrid
Daunts (Marylebone), London
Raconte moi la terre, Lyon
Dr. Götze Land&Karte, Hamburg
Pied à terre, Amsterdam
Stanley&Livingstone, Den Haag
Stanfords, London
Travel Shop, Zürich

Weitere schöne Reisebuchhandlungen im deutschsprachigen Raum sind etwa die *Reisefibel* in Leipzig und der *Travel Shop* in Zürich.

10 weitere schöne Reisebuchhandlungen Deutschland, Österreich, Schweiz
Baedeker, Wuppertal **Freytag&Berndt,** Wien **Globetrotter** (Reisebuchabteilung), Frankfurt **Globetrotter** (Reisebuchabteilung), Köln **Globetrotter** (Reisebuchabteilung), Stuttgart **Landkartenhaus,** Freiburg **Reisebuchladen**, Heidelberg **Reisefibel**, Leipzig **Schropp**, Berlin **Travel Shop**, Zürich

Im Beneluxraum können de Reyghere in Brügge und de *De Zwerver* in Groningen zu den schönsten Buchhandlungen gerechnet werden. In Großritannien überzeugt nicht nur Stanfords Stammladen in London als schöne Reisebuchhandlung, sondern auch die kleinere Filiale in Bristol. In Frankreich zeigt neben *Geothèque* in Nantes auch *Raconte moi la terre* in Lyon eine stimmige Atmosphäre. Mit seiner Buchfülle hat zudem *Harmattan Internationale* in Paris eine besondere Atmosphäre.

10 weitere schöne Reisebuchhandlungen in Europa
Anticyclone, Brüssel **Tranquebar,** Kopenhagen **De Zwerver,** Groningen **Jana Seta**, Riga **Mapas&Cie**, Malaga **Raconte moi la terre,** Lyon **De Reyghere,** Brügge **Stanfords,** Bristol **Voyageurs du Monde,** Paris **Kartbutiken,** Stockholm **Muntanya de Llibres**, Vic

2. Läden in Deutschland, Österreich Schweiz

★★ Dr. Götze Land & Karte, Hamburg
Alstertor 14-18

Dr. Götze Land&Karte, in der Hamburger Innenstadt unweit der Binnenalster gelegen, ist mit einer Verkaufsfläche von 600 m^2 Deutschlands größte geographische Buchhandlung. Hier kann man nicht nur Reisebücher und Landkarten erwerben, sondern auch ganze Inseln. Denn Eigner des seit 1950 bestehenden Ladens ist seit 2001 der bekannte Inselmakler Farhad Vladi, ein Hamburger Geschäftsmann persischer Herkunft mit kanadischem Pass. 1970 gründete er die *Vladi Private Islands Company*, die mit Inseln handelt. Vladi hat seit 1970 2000 Inseln verkauft und gilt als wichtigster Inselmakler weltweit.

Dr. Götze Land&Karte

⬢ 🏛 Schropp, Berlin
Hardenbergstr. 9a

Im April 1742 erhielt Simon Schropp vom preußischen König die Erlaubnis mit Landkarten zu handeln.

Ende des 18. Jahrhunderts war Schropp und Co zu den führenden Landkartenhändlern Berlins aufgestiegen. 1880 arbeiteten bereits 100 Mitarbeiter für das Unternehmen. Im April 1945 wurde die Schropp Landkartenanstalt bei einem Luftangriff zerstört. Nach dem Krieg führte Walter Ludwig die Firma unter altem Namen fort. 1979 wurde sie von der Geographin und Buchhändlerin Regine Kiepert, zu deren Vorfahren Kartographen gehörten, übernommen. 2008 zog die Buchhandlung von Schöneberg in die Hardenbergstr. nach Charlottenburg um und belegt jetzt 180 m².

★ Das Landkartenhaus, Freiburg im Breisgau
Schiffstrasse 6

1932 gegründeter kleiner (ca. 100 m²), aber mit 10.000 Landkarten und 3000 Reiseführern gut sortierter Laden in der Freiburger Innenstadt. Im Jahre 2007 von *Buch-markt.de* zur ‚*Buchhandlung des Jahres*' in der Sparte

Fachbuchhandlung gekürt, wurde das Landkartenhaus im selben Jahr von der Buchhändlerin Kathrin von Malchus und der Pferdezüchterin Bianka Möllendorf überommen.

★ Reisefibel, Leipzig
Markgrafenstraße 5

1994 gegründetes Reisebüro mit integrierter Buchhandlung und Bergshop in der Leipziger Innenstadt. Der Angebotsschwerpunkt der aufgeräumt wirkenden, 120 m^2 großen Buchhandlung mit ihren hohen Decken liegt auf Wandern, Trekking und Bergsteigen. Gute Auswahl an Globen und topographischen Karten. In den historischen Räumlichkeiten werden auch Vorträge veranstaltet.

Freytag&Berndt, Regensburg
Kohlenmarkt 1

Mit ungefähr 200 m^2 auf 2 Etagen in einem Haus in der Regensburger Altstadt größte deutsche Filiale von Freytag&Berndt. Gute Auswahl an Kalendern (saisonal) und Globen. Auch Regensburg- und Bayern-Souvenirs sind im Angebot. Aufgeräumt wirkender Laden, dem allerdings die Atmosphäre uriger, vollgestapelter Buchläden fehlt.

Reisebuchladen Karlsruhe
Herrenstraße 33

Michael Oberdorfer, Vermesser und Kartograf mit Erfahrung mit einem Online-Landkartenshop und Volker Hager, der in der Reiseabteilung einer großen Karlsruher Buchhandlung gearbeitet hatte, eröffneten im Frühjahr 2010 den *Reisebuchladen Karlsruhe*. Die in der Karlsruher Innenstadt unweit der Einkaufsmeile Kaiserstraße gelegene Buchhandlung führt eine breite Palette spezieller Karten und neben Reisführern auch Reiseerzählungen und -berichte.

Reisebuchladen Heidelberg
Kettengasse 5

Im Sommer 2011 musste der seit über 70 Jahren bestehende Landkartenladen am Heidelberger Adenauerplatz schließen (Inhaberin Vera Möbius). Im September 2011 eröffnete jedoch der *Reisebuchladen Heidelberg* als Filiale des *Reisebuchladens Karlsruhe* und Nachfolger des Geschäftes in einer Seitenstrasse der Heidelberger Fußgängerzone auf dicht bepackten 27 m^2 seine Pforten.

★ Baedeker Land+ Karte, Wuppertal
Friedrich-Ebertstr.31

Julius Baedeker, ein Verwandter des Reisebuchautors Karl Baedeker, gründete diese älteste Buchhandlung Wuppertals bereits im Jahre 1843. Jedoch entwickelte sie sich erst in den 1990er Jahren zu einer reinen Reisebuchhandlung. 2008 wurde zudem eine Kartenwerkstatt eröffnet. Nach einem Umbau im Jahr 2012, der mehr Platz für Wandkarten geschaffen hat, gehört Baedeker unter den deutschen Reisebuchläden zu den schöneren.

Landkartenhaus Angermann, Wiesbaden
Mauergasse 21

Kleiner aber gut sortierter Reisebuchladen in der Wiesbadener Innenstadt mit umfangreichem Kartenangebot (5000 Karten sind ständig auf Lager). Schwerpunkte des Buchangebots sind der Rhein-Main-Raum bzw. die Stadt Wiesbaden, maritime Literatur und das Thema Eisenbahn.

Schweiz und Österreich

★ 🏛 Freytag & Berndt, Wien
Wallnerstr.3

Der Brandenburger Gustav Freytag kam 1866 nach Wien, um dort bei seinem Onkel Lithographie zu studieren. Später eröffnete er dort eine eigene kartographisch-lithographische Anstalt. Der Kaufmann Berndt finanzierte Freytag eine Druckerei und 1908 wurde er zum k.u.k-Hoflieferanten ernannt. So entstand der österreichische Landkartenverlag *Freytag&Berndt,* welcher heute, nachdem die Filialen in München und Graz in den letzten Jahren geschlossen wurden, noch über 3 Ladengeschäfte

verfügt, davon zwei in Deutschland (Nürnberg, Regens-
burg) und eines in Österreich (Wien). Der Wiener
Stammsitz ist mittlerweile die letzte verbliebene
Reisebuchhandlung Österreichs.

★ 📚 Travel Book Shop, Zürich
Rindermarkt 20

Der gut sortierte Travel Book Shop im Züricher
Altstadtquartier Niederdorf wurde im Jahre 1977 von der
Buchhändlerin und passionierten Fernreisenden Gisela
Treichler gegründet. Als Fernreisen noch nicht so
verbreitet waren, galt der Travel Book Shop als *die*
Anlaufstelle und Informationsbörse für Zürcher mit
Fernweh. Anfang 2012 kündigte der Laden an, Ende
März 2012 schließen zu müssen, doch glücklicherweise
konnte dies abgewendet werden. Der Laden erstreckt sich
auf zwei Gebäude, in einem Ladenteil werden vor allem
Globen und Landkarten verkauft.

3. Reisebuchläden im übrigen Europa

3.1 Belgien

Anticyclone des Azores, Brüssel
Fossé aux Loups 34
Der in der Brüsseler Innenstadt gelegene Reisebuchladen *Anticyclone des Azores* (‚Azorenhoch') ist mit ca. 250 m^2 die größte überwiegend französischsprachige Reisebuchhandlung Belgiens.

Anticyclone, Brüssel

De Reyghere, Brügge
Markt 13
Von de Reyghere gibt es am Marktplatz von Brügge eine Sortimentbuchhandlung in schönen Räumlichkeiten und gleich nebenan einen Reisebuchladen mit überwiegend niederländischsprachigen Reiseführern, ergänzt um englischsprachige Reiseliteratur.

★ Alta Via, Antwerpen
Nassaustraat 29

Die Reisebuchhandlung Alta Via öffnete im Oktober 2010 am Antwerpener Stadthafen (unweit des neuen „Museum aan de Stroom", MAS) ihre Pforten. Der geräumige, etwa 150 m^2 große, mit Massivholzregalen und Laminatfußboden ansprechend modern gestaltete Laden gilt als schönste Reisebuchhandlung Belgiens.

Alta Via, Antwerpen

Atlas&Zanzibar, Gent
Kortrijkesesteenweg 19

Die seit März 1993 bestehende Reisebuchhandlung Atlas&Zanzibar ist sehr gut sortiert, was überseeische Länder angeht, deckt aber auch Europa gut ab. Die Buchhandlung ist heute mit zwei Filialen in Gent vertreten.

Weitere Reisebuchläden in Belgien

Gent	Atlas&Zanzibar	Kortrijksesteenweg 1036
Lochristi	De Waele	Antwerpsesteenweg 96B

3.2 Niederlande

Mit elf Reisebuchhandlungen (1 Reisebuchladen pro 1.5 Millionen Einwohner) weisen die Niederlande mit Belgien die größte Reisebuchladendichte in Europa auf.

★ **Pied à terre, Amsterdam**
Overtoom 135-137

Mit 400 m^2 ist diese geographische Buchhandlung in Amsterdam, die im Saal eines ehemaligen Theaters eingerichtet wurde, die größte Reisebuchhandlung im gesamten Beneluxraum mit allein 68 000 Karten. Neben dem gut sortierten Buchangebot (davon viele englischsprachige Bücher) fällt die große Auswahl an Globen auf.

★ Stanley&Livingstone, Den Haag
Schoolstraat 21

In der Innenstadt Den Haags gelegen, ist Stanley& Livingstone eine eher kleine, aber atmosphärisch stimmige und gemütliche Reisebuchhandlung mit großem Angebot an Globen.

De Zwerver, Groningen
Oude Kijk in 't Jatstraat 32

De Zwerver (der Wanderer) ist eine aufgeräumte, gut sortierte Reisebuchhandlung in der Groninger Buchladenstraße Oude Kijk in t'Jat.

De Zwerver

Weitere niederländische Reisebuchhandlungen

Amsterdam	**A la carte**	Utrechtsetr. 110
Arnhem	**De Noorderzon**	Nieuwstad 26
Deventer	**De Wandelwinkel**	Bergkerkplein 5
Leiden	**Zandvliet**	Stille Rijn 13
Lisse	**Op Reis winkel**	Heereweg 139
Utrecht	**Interglobe**	Vinkenburgstr. 7
Literarische:		
Amsterdam	**Evenaar**	Singel 348

3.3. Großbritannien
★ ★ Stanfords, London
7 Mercer Walk

Stanfords in London sieht sich als *'The World's Largest Map and Travel Bookshop'*, musste aber 2019 in kleinere Räume umziehen. Auf jeden Fall ist der 1853 gegründete und seit 1901 am heutigen Standort angesiedelte Buchladen im Bücherstadtviertel Westend der größte Landkarten- und Reisebuchladen Großbritanniens. Hier gibt es neben Gedrucktem auch Reiseutensilien wie Ferngläser, Kompasse, GPS-Geräte und sogar Globetrotterkleidung. Der Teppich des Ladens zeigt Karten und andere geographische Motive. Im Laden kann man handsignierte Exemplare neuer Werke britischer Reisebuchautoren erwerben.

★ Stanfords, Bristol
29 Corn Street

Seit 1997 gibt es in Bristol eine relativ großflächige Stanfords-Filiale (2 Etagen). Der bekannte britische Reiseschriftsteller Eric Newby begrüßte damals die ersten Kunden. Eine weitere, 2003 eröffnete Filiale in Manchester wurde 2007 wieder geschlossen.

The Hereford Map Centre, Hereford
25 Church Street

In der Kathedrale der westenglischen Stadt Hereford ist die Mappa Mundi zu besichtigen, eine der berühmtesten mittelalterlichen Weltkarten. Unweit dieser kartographischen Sehenswürdigkeit, in der vom Vorplatz der Kathedrale abgehenden Church Street, hat sich Ende der 1980er Jahre ein Kartenladen angesiedelt, der mittlerweile auch Reiseführer und Regionalliteratur führt und zudem ein Café umfasst.

The Map Shop, Upton upon Severn
15 High Street

In den 1970ern von einem pensionierten Mitarbeiter des britischen Landesvermessungsdienstes Ordnance Survey in der westenglischen Kleinstadt Upton upon Severn gegründeter Landkartenladen, der auch Reiseführer vor allem zu Großbritannien mit Schwerpunkt Herefordshire anbietet.

The Antique Map Shop, Bath
9-10, Pulteney Bridge

Der Antique Map Shop ist ein in einem Brückenhäuschen der englischen Welterbestadt Bath angesiedelter kleiner Laden, der 1982 von David Gardner gegründet wurde und Originale historischer Karten führt. Die ältesten Karten im Angebot stammen aus der Mitte des 16. Jahrhunderts.

3.4 Nordeuropa

★ Tranquebar, Kopenhagen
Borgergade 14

 Der in der Innenstadt Kopenhagens gelegene, nach einer ehemaligen dänischen Kolonie in Indien benannte Laden, verkauft nicht nur Bücher, sondern auch Musik-CDs aus aller Welt und Ethno-Design. Zudem lädt ein Café zum Verweilen ein.

Nordisk Korthandel, Kopenhagen
Studiestraede 26-30

1959 gegründeter Kartenladen im Quartier Latin Kopenhagens mit Schwerpunkt Skandinavien, welcher auf 2 Etagen auch ein begrenztes Reisebuchsortiment führt. Der Laden am ersten Standort brannte im Jahr 1979 ab.

Kartbutiken, Stockholm
Vasagatan 16

Gegenüber dem Stockholmer Hauptbahnhof gelegener relativ großer und gut sortierter Landkarten- und Reisebuchladen, der damit wirbt, in Schweden das breiteste Angebot an Karten zu führen (*„Sveriges bredaste sortiment av kartor"*). Die Konkurrenz ist aber auch nicht besonders stark, denn heute handelt es sich um den einzigen Reisebuchladen des Landes. Der Verlag, dem der zweite Stockholmer Kartenladen (das Geschäft lag an der Kungsgatan) Kartbutiken gehörte, kaufte den ursprünglich als „Kartcentrum" firmierenden Laden vor mehreren Jahren auf, nannte ihn in Kartbutiken um und schloss den Laden an der Kungsgatan.

3.5 Frankreich

🏛 🐚 Ulysse, Paris
26, rue St. Louis en Ile

Ulysse wurde 1971 von Catherine Domain auf der innerstädtischen Pariser Seine-Insel Saint Louis (nach eigenen nicht ganz zutreffenden Angaben als erster Reisebuchladen weltweit) gegründet. Auch nach fast vier Jahrzehnten verkauft Frau Domain dort noch heute Reisebücher. Im Pariser Laden stapeln sich auf engem Raum von nur 25 m² etwa 20.000 neue und antiquarische Bücher. Jeden ersten Mittwoch im Monat gibt es abends vor dem Laden ein Treffen von Freunden des Buchladens und des Reisens. Dabei bringt jeder ein Getränk mit.

☞ In den Monaten Juni-September gibt es seit 2005 im baskischen Hendaye (2, Boulevard de la Mer), wo die Inhaberin ihren Sommerurlaub verbringt, einen saisonalen Ableger.

Au Vieux Campeur, Paris

48, rue des Ecoles

Au Vieux Campeur ist ein Cluster von Dutzenden Reisebedarfsläden im Quartier Latin von Paris. Darunter ist auch ein Reisebuchladen, der ein sehr gutes Kartenangebot führt. Alle offiziellen topographischen Karten Frankreichs sind hier vorrätig.

Au Vieux Campeur-Filiale, Lyon

Voyageurs du Monde, Paris

55, rue St. Anne

Im Jahre 2011 wurden die Buchläden der französischen Reisebürokette Voyageurs du Monde geschlossen. Einzig eine etwa 200 m^2 große, gut sortierte Buchhandlung am Stammsitz in Paris verblieb.

Geothèque, Nantes
14, rue Racine

Geothèque in Nantes war mit ihren mit vielen Karten bestückten Nebenräumen einst die schönste Reisebuchhandlung Frankreichs. Gut sortiert vor allem, was Bücher zu Frankreich betrifft, musste der Laden 2017 schließen. Mittlerweile wurde Geothèque in einer anderen Straße auf kleinerer Fläche als eine weniger spektakuläre, aber immer noch schöne Reisebuchhandlung wiedereröffnet. ☞ Die Geothèque-Filiale in Tours ist vor wenigen Jahren geschlossen worden.

Le monde des cartes, Paris
50, rue de la Verrerie

Das Institut National de l'information geographique et forestière schloss 2010/11 seine beiden Läden in Paris und Dijon. In Paris wurde immerhin seither vom IGN unweit des Rathauses in der Innenstadt ein neuer, kleinerer sich stärker auf offizielle topographische Karten spezialisierender Laden eröffnet.

★ Raconte moi la terre, Lyon
14, rue du Plat

Der 250 m² große Reisebuchladen in der Altstadt Lyons ist modern und originell gestaltet. Kunden können im zum Laden gehörenden Café auftanken.

Weitere Reisebuchläden in Frankreich

Albertville	**Au Vieux Campeur**	10 /57, rue Amboise Croizat
Angers	**Itinérances**	62, rue Baudrière
Grenoble	**Au Vieux Campeur**	25, rue Berthe de Boissieux
Lille	**Autour du Monde**	65, rue de Paris
Lyon	**Raconte-moi la terre**	14, rue du Plat
Marseille	**Au Vieux Campeur**	255, avenue du Prado
Montpellier	**Les cinq continents**	20 Rue Jacques Coeur
Paris	**La Géographie**	184, bl. Saint Germain
Paris	**Itinéraires**	60, rue St. Honoré
Rennes	**Ariane**	20, rue du C. Dreyfus
Strasbourg	**Au Vieux Campeur**	32, rue du 22 Novembre
Thonon les B.	**Au Vieux Campeur**	48, av. De Genève
Toulouse	**Au Vieux Campeur**	62, rue du Sienne

3.6 Spanien

★ ★ 📘 **Altair, Barcelona**
Gran Via 616

Die 1979 in zuvor von einem Restaurant und einem Billardsalon genutzten Räumen gegründete Buchhandlung Altair in Barcelona behauptet von sich, die größte Reisebuchhandlung Europas zu sein. Mit 1000 m^2 und über 60 000 angebotenen Medien ist sie auf jeden Fall die größte Reisebuchhandlung des europäischen Festlandes. Spärlich beleuchtet, die oberen Wandhälften von topographischen und thematischen Karten bedeckt, hat der Buchladen in Barcelona eine besondere Atmosphäre. In mehreren Sesseln lässt sich bequem im umfassenden Angebot schmökern, welches auch bibliophile Raritäten einschließt.

Altair, Barcelona

De viaje, Madrid
Serrano 41

De viaje in Madrid ist Reisebüro, Buchladen und Outdoorshop in einem. Der Buchladenteil ist mit 250 m^2 relativ groß und auch gut sortiert, mit Schwerpunkt Spanien aber auch exotischen Reisezielen. Hier finden sich klassische Reiseführer, literarische Reisebeschreibungen, sowie opulente Bildbände in den Regalen.

Valencia, Regolf
Mar, 22

Regolf in Valencia gibt auf seiner Webseite an, bereits 1881 gegründet worden zu sein. Es wäre damit die älteste Reisebuchhandlung der iberischen Halbinsel.

Ulyssus, Girona
Ballesteries 29

1997 gegründeter mittelgroßer aber gut sortierter Reisebuchladen (jedoch nur spanischsprachige Bücher) in der an Sehenswürdigkeiten, darunter die Kathedrale Santa Maria, reichen Altstadt Gironas.

Iguazu, León
Calle Plegarias 7

Iguazu ist eine kleine Reisebuchhandlung (ca. 25 m^2) in der Altstadt der schönen nordspanischen Stadt León.

León war einst Hauptstadt eines Königreiches, seine gothische Kathedrale gilt als bedeutendste der zahlreichen architektonischen Sehenswürdigkeiten der Stadt, darunter ein frühes Gebäude des spanischen Architekten Gaudi. In den Reisbuchladen Iguazu, mit seinem guten Angebot an Büchern zu Stadt und Region, stolpern viele Touristen hinein, weshalb er auch die gegenwärtige Buchhandelskrise überleben dürfte.

Weitere Reisebuchläden in Spanien

Barcelona	Guia	Trav. De Gracia 146
Burgos	Sedano	Paseo Espolon, 6
La Coruna	7 Mares	Plaza, 1 bajo derecha
Madrid	Tierra de Fuego	Travesia de Conde Duque 3
Sevilla	La extravagante	Alameda de Hercules 77
Valencia	Patagonia	c/Hopital 1

3.7 Italien

Italien hat nach Deutschland in Europa die meisten Reisebuchhandlungen, es sind im weiteren Sinne 15 (mit Alpinistik). Reisebuchhandlungen gibt es dabei vor allem in den Städten des nördlichen Landesteils. Während sich in Turin und Mailand mehrere solcher Buchhandlungen finden, gibt es im Italien südlich von Rom jedoch keinen einzigen Reisebuchladen.

Gulliver Books, Verona
Via Stella 16b

Vom 2005 gegründeten Altstadt-Reisebuchladen Gulliver Books (ca. 75 m^2) mit seinem guten Globen- und Regionalia-Angebot sind es nur wenige Schritte zum Veroneser Touristenmagnet *Romeo und Julia*- Balkon.

Gulliver Books

Luoghi&Libri, Mailand
Via Vettabia 3

1988 von Antonio Ranzini Pallavicin in Mailand eröffneter etwa 120 m^2 großer Reisebuchladen, heute, was literarische Reisedarstellungen, betrifft einer der bestsortierten Italiens.

Quo Vadis, Pordenone
Via Brusafiera 16

In Norditalien gibt es auch in kleineren Städten Reisebuchläden. Ein Beispiel dafür ist der seit 2006 bestehende etwa 45 m^2 große Buchladen Quo Vadis in Pordenone bei Venedig.

Viaggeria, Trient
Via San Viglio 20

1997 wurde in Trient, eine der italienischen Städte mit der höchsten Lebensqualität, in der Fußgängerzone unweit des Domplatzes die Reisebuchhandlung Viaggeria eröffnet.

Passend zur bergnahen Lage der Stadt im Trentino (welches früher auch als Welschtirol bezeichnet wurde) liegt ein Schwerpunkt der relativ kleinen Buchhandlung auf Literatur und Karten zu den Alpen.

Transalpina, Triest
Via di Torre Bianca 27

Im Jahr 2014 feiert die 1994 in einem Gebäude aus dem 19. Jahrhundert in der Innenstadt Triests eröffnete Buchhandlung ihr 20jähriges Bestehen. Die Ladenfläche beträgt heute 100 m², 10 000 Artikel werden geführt. Benannt ist sie nach der Transalpina Bahnstrecke, auch Wocheinerbahn genannt, welche einst Wien mit dem früher ebenfalls zu Österreich-Ungarn gehörenden Triest verband. Das Buchangebot reicht von Regionalia, über Alpinismus zu Literatur zu Überseezielen. Geschmückt ist der Laden unter anderem mit Kunsthandwerk aus Afrika.

Transalpina, Triest

Weitere Reisebuchläden in Italien

Florenz	**On the Road**	Via Vittorio Emm. II, 32
Norcia	**Geosta**	Via Foscolo 10a
Padua	**Pangea**	Via San Martino 106
Pordenone	**Quo Vadis**	Via Brusafiera 16
Rom	**Il Viaggiatore**	Via del Pellegrion 78
Rom	**L´Argonaute**	Via Reggio Emilia 8
Sondrio	**del Viaggiatore**	Via Angelo Custode 3
Turin	**Il Giramondo**	Via Carena 3
Udine	**Odos**	Via della Banca 6

3.8 Ost- und Südosteuropa

Travel Bookstore, Athen
Solonos Street 71
1998 in der Innenstadt Athens eröffnete erste Reisebuchhandlung Griechenlands. Der schmale, zweistöckige Laden, der erst als *Road bookstore* zum griechischen Kartenverlag Road Editions gehörte, 2010 jedoch vom Reisebuchverlag Orama Editions gekauft, und in *Travel Bookstore* umbenannt wurde, führt Produkte des Road Verlages wie Karten und auch Reiseführer, aber auch Reisebücher anderer Verlage, Globen und GPS-Hardware. Nach den Einkäufen kann man sich in einem Café stärken, welches zum Laden gehört.

Anavasi Maps, Athen
Voulis 32
Obwohl Griechenland seit 2009 von einer langjährigen Rezession betroffen war, aus der das Land erst seit wenigen Jahren herausfindet, hat in Athen neben Road ein zweiter Verlag einen Reisebuchladen eröffnet. *Anavasi Maps* ist nur etwa 25 m^2 groß, hat aber zwei Etagen und ist erfreulich mit Büchern, Karten und Globen vollgestopft.

Anavasi Maps

36

Hiszi Map, Gyula

Varoshaz 23

Kleiner Karten-, Reiseführer- und Souvenirladen in der Kleinstadt Gyula im Südosten Ungarns. Gyula ist Sitz des ungarischen Kartenherstellers Hiszi Map und der Laden eine seiner Verkaufsstellen.

Jana Seta Map shop, Riga

Elizabetes 85a

Jana Seta, Riga (Photo: www.karsuveilkas.lv)

Im April 1994 wurde vom lettischen Landkartenverlag Jana Seta in Riga die erste Landkarten- und Reisebuchhandlung des Baltikums gegründet. Mit 240 m² ist sie die größte Reisebuchhandlung der ehemaligen Sowjetunion. Zwischen 1949 und 1991 hergestellte Militärkarten und Stadtpläne der ehemaligen UdSSR nehmen immer noch einen wichtigen Platz im Sortiment ein.

4. Literarische Reisebuchhandlungen

Chatwins, Berlin
Goltzstr. 40

Einzige literarische Reisebuchhandlung Deutschlands, die 1997 in Berlin von den leidenschaftlichen Weltreisenden Kerstin Hofmann und Peter Neumann gegründet wurde. In einem von Design geprägten Nebenraum gibt es Sessel zum bequemen Schmökern in Reiseliteratur.

★ Daunt Books, London
83, Marylebone High Street

Daunt Books ist eine kleine Buchladenkette in London mit gutem und geographisch geordnetem Angebot an Reiseliteratur. Die schönste und am stärksten auf Reiseliteratur ausgerichtete Filiale findet sich im Londoner Stadtteil Marylebone. Diese ist im Edwardian-Stil eingerichtet, mit antiken Eichenholzgalerien und Parkettboden.

Evenaar, Amsterdam
Singel 348

Evenaar heisst Äquator und in dieser seit 20 Jahren bestehenden Amsterdamer literarischen Reisebuchhandlung sind denn auch viele Werke aus Übersee und den ehemaligen niederländischen Kolonien, überwiegend in niederländischer Sprache, zu finden. Die Eigentümerinnen Maria Bastiaens und Maria van Dantzig reisen gerne, oft auf den Spuren von Literaten. Der Laden veranstaltet auch Lesungen niederländischsprachiger Reisebuchautoren. So sind hier bereits Lieve Joris, Frank van Rijn und Aja Zikken aufgetreten. Sogar der indische Autor Vikas Swarup (Slumdog Millionaire) war schon im Lade

5. Reiseausrüster/Outdoorläden mit Buchangebot

★ Globetrotter, Köln
Olivandenhof, Richmodstr. 10

Der Outdoor-Reiseausrüster *Globetrotter* bietet in seinen größeren Filialen auch ein reichhaltiges Sortiment an Reiseführern und Landkarten. Besonders gut gestaltet ist die Buchecke im Flagship Store im Kölner Olivandenhof. Auch das Buchangebot im Globetrotter Megastore am Isartor in München, im Hamburger Stammhaus und in den Filialen in Berlin Frankfurt am Main, Stuttgart und Dresden kann sich mit ca. jeweils 200 m^2 sehen lassen und mit jeder mittel-großen Reisebuchhandlung mithalten In den letzten Jahren wurden kleinere Filialen in Städten wie Hannover, Düsseldorf und Karlsruhe eröffnet, mit jedoch nur begrenztem Buchangebot.

☞ Von der Globetrotter-Filiale in Frankfurt hat man einen Blick auf das Hochhaus der Europäischen Zentralbank.

Globetrotter Frankfurt am Main (Buchabteilung)
Au Vieux Campeur, Frankreich

48, rue des Ecoles

Au Vieux Campeur ist eine französische Outdoorkette mit über 50 Filialen. Oft ist ein Reisebuchladen integriert, in manchen Städten, so in Paris, Lyon und Straßburg, auch baulich getrennt, was zur Anmutung eines vollwertigen Reisebuchladens führt. Die größte Buchladenfiliale findet sich in Paris (Rue des Ecoles). Auch in Lyon ist der Buchladenteil relativ großzügig mit Büchern und Kartenmaterial ausgestattet.

Bever Boek&Kaart

Waldorpstraat 15 G

In Den Haag bietet der Flagship Store *The Globe* des niederländischen Outdoor-Spezialisten Bever, neben Besonderheiten wie einer Eiskletterwand, auf eher nüchternen 80 m^2 ein mäßiges Reiseführer- und Kartenangebot.

6. Alpinismus/ Bergsteiger-Buchhandlungen

★ ★ 🌊 Desnivel, Madrid
Calle San Vitorino 8

Desnivel in Madrid, die größte Bergsteigerbuchhandlung Europas, wurde im Dezember 1998 vom berühmten italienischen Bergsteiger Walter Bonatti (1930-2011) in den Räumlichkeiten einer seit 1898 bestehenden Buchhandlung (zu deren 100. Geburtstag also) eröffnet.

Im Jahr 2005 meinte Reinhold Messner `This libreria is part of the heritage of mountaineering´ und im Jahr 2010 präsentierte er hier seinen Film ‚Nanga Parbat‘. Ein 36 m² großes Wandgemälde zeigt die Geschichte des Bergsteigens und berühmte heutige Bergsteiger wie Messner und Bonatti haben auf dem Gemälde ihre Signatur hinterlassen. Zurzeit wird das Gemälde vergrößert, um die Geschichte des Bergsteigens in Spanien ausführlicher darstellen zu können.

Der Buchladen ist gezielt auf originell getrimmt, was seine Wirkung aber nicht verfehlt. Am Eingang dienen Bergsteigerpickel als Türgriffe, in einem Nebenraum

findet sich ein überdimensionaler Kompass, die Stufen der Treppe zum Kellerraum sind mit Höhenangaben wichtiger Berge versehen, in absteigender Reihenfolge.
Die Räumlichkeiten der Buchhandlung sind so attraktiv, dass hier schon öfter Filmszenen gedreht wurden oder Fotosessions stattfanden.

Buchregale im Desnivel

☞ Mit **La tienda verde** (Calle Maudes 23) gibt es in Madrid sogar noch eine zweite Alpinismus-Buchhandlung. Diese ist jedoch klein (ca. 40 m^2) und unspektakulär und hat vor allem auf Spaniens Berggebiete bezogene Karten und Bücher im Angebot.

Piz Buch und Berg, Zürich
Müllerstraße 25

Eine 1997 eröffnete kleine, modern gestaltete, ca. 40 m^2 große Buchhandlung am Rande der Züricher Innenstadt, die sich ausschließlich auf Bücher zum Thema Alpinismus spezialisiert. Piz Buch und Berg ist heute die einzige verbliebene deutschsprachige Bergsteigerbuchhandlung (*Alpin Aktuell* in Wien schloss 2009 die Pforten).

Monti in citta, Mailand
Viale Caldara 20

Monti in citta (`Berge in der Stadt´) ist nicht nur eine alpinistische Buchhandlung, sondern auch ein Reisebuchladen und eine Vinothek, welche Weine aus der Region anbietet. Der im Jahr 2004 eröffnete Laden ist mit etwa 75 m² eher klein.

★ La montagna, Turin
Via Paolo Sacchi 28

Seit 1974 bestehende Verlagsbuchhandlung im Zentrum Turins, die auch Kataloge zu alpinistischer Literatur erarbeitet. Neben Bergsteigerliteratur finden sich Reisebücher und Regionalia. An den Wänden ist eine Leiste mit Zahlen aufgemalt, welche die Höhenrekorde der einzelnen Regionen und Kontinente wiedergeben.

La montagna, Turin

7. Buchläden zu einer Stadt oder Region

7.1 Buchläden zu einer bestimmten Region

Paris ist die Hauptstadt der auf bestimmte Länder und Regionen spezialisierten Buchhandlungen. So gibt es dort etwa Buchläden zu Afrika, Ostasien oder Polen.

Harmattan Internationale, Paris
16, rue des écoles

Eine beeindruckende Buchfülle, mit Büchern, die sich auf dem Boden stapeln und bis an die Decke reichenden, vollgestopften Regalen zeichnen diesen Laden aus, der sich auf Literatur zu Afrika spezialisiert, aber auch Bücher zu anderen Kontinenten im Angebot hat.

Harmattan Internationale

Librairie des Antipodes, Paris
14, rue Servandoni

Buchhandlung zum Thema Australien und Neuseeland. Das Angebot reicht von Reiseführern bis zu literarischen Werken von der anderen Seite des Globus.

Présence Africaine, Paris
25 bis, rue des Ecoles

Buchhandlung, welche nicht nur Reiseführer, sondern ein breites Buchspektrum zu Afrika, einschließlich auch wissenschaftlicher Werke und Literatur afrikanischer Autoren führt.

Paris	**L'Asiathèque**
	11 cité Verron
	Librairie de l'Institut du Monde Arabe
	1, rue du Fossés Saint-Bernard
	Librairie du Globe (zu Russland)
	67, blvd Beaumarchais
	Librairie Orientale
	51, rue Monsieur le Prince
	Bibliothèque Nordique
	6, rue Valette
	Librairie Italienne
	54, avenue de Bourgogne
	Librairie le Phénix
	72, Blvd de Sébastopol
	Librairie Polonaise
	123, blvd St. Germain
	Librairie Portugaise
	10 rue Tournefort
	Librairie Russe
	9, rue de l'Eperon

7.2 Buchläden zu einer bestimmten Stadt

★ Berlin Story, Berlin
Unter den Linden 40

1997 wurde *Berlin Story* in den Räumen einer ehemaligen Bank in der Nobeladresse Unter den Linden eröffnet. Mit den Gemälden und Büsten an der Wand und einem Kronleuchter hatte dieser auf Bücher zu Berlin und Souvenirartikel spezialisierte Buchladen eine besondere Atmosphäre. Im Januar 2011 meldete *Berlin Story* Insolvenz an und zog in eine Parallelstrasse. Mittlerweile ist der Laden in bescheidener Form wieder unweit der alten Adresse *Unter den Linden* zu finden.

Quartiers Latins, Brüssel
14, place des Martyrs

An einem historischen Platz unweit der Fußgängerzone gelegen findet sich in eher minimalistischem Interieur alles, was man schon immer über Brüssel wissen wollte.

Leipzig Laden N°1(Buchhandlung Bachmann)**, Leipzig**
Markt 1
In diesem kleinen, aber stimmigen Buchladen im Alten Rathaus von Leipzig finden sich Bücher ausschließlich zum Thema Leipzig, daneben auch Leipzig-Souvenirs.

Buchladen des Amsterdam-Museums
Kalverstraat 92

Das Stadtmuseum nennt sich seit einem Umbau 2011-2012 *Amsterdammuseum.* Der Museumsbuchladen, führt eine reiche Zahl von Büchern zur facettenreichen Geschichte und Gegenwart Amsterdams.

Libros de Valladolid, Valladolid
Calle Acera Recoletos

Ein Kiosk im Park an der Calle Acera Recoletos führt Bücher ausschließlich zur spanischen Stadt Valladolid und ihrer Region (Kastilien-Léon).

Buchladen im Palacio de Cibeles, Madrid
Plaza de Cibeles 1

Der *Palacio de Cibeles*, früher Hauptsitz der Spanischen Post, ist heute ein Kulturzentrum. Einen Laden mit Madrid-Büchern und Souvenirs gibt es im zweiten Stock des Palacio, umgeben von stilistisch beeindruckenden ehemaligen Schaltern des Postamtes finden.

Musée Carnavalet, Paris
Rue de Sevigné 23

Im Ehemaligen Stadtpalast findet sich heute das Pariser Stadtmuseum Carnavelt. Zum Museum gehört ein kleiner Buchladen, der in beeindruckendem historischen Ambiente Literatur zu Paris sowie Souvenirs anbietet.

8. Nautische/Maritime Buchhandlungen

★ Collectio Navalis, Berlin
Grolmannstr. 59

Jens Genwuchs' *Schifffahrtsbuchhandlung* bietet antiquarische Bücher zum maritimen Schiffsverkehr und zur Eisenbahn. Zudem sind Schiffsminiaturen im Angebot. Der Katalog von *Collectio Navalis* umfasst etwa 10.000 Schiffsmodelle aus Zinnguss.

⚓ Schiffsbuchhandlung Wolfgang Fuchs, Hamburg
Rödingsmarkt 29

Diese am Hamburger Hafen unweit der Landungsbrücken gelegene Schiffsbuchhandlung verfügt über das größte Schiffsphotoarchiv Deutschlands mit mehr als 400 000 Bildern, die den Zeitraum von 1870 bis heute abdecken.

Libreria Nautica, Barcelona
Fusteria 12

Die 1919 gegründete Libreria Nautica sieht sich als älteste Reisebuchhandlung Spaniens.

Weitere nautische Buchhandlungen

Duisburg	**Buchladen im Binnenschiffsmuseum** *Apostelstraße 84*
Hamburg	**HanseNautic, Hamburg** *Herrengraben 31*
Amsterdam	**★ Datema, Amsterdam** *Prins Hendrikkade 176/50*
London	**Maritime Books** *66 Royal Hill (Greenwich)*
Mailand	**La Libreria del Mare** Via Broletto 28
Palma de Mallorca	**Libraria Nautica Balear** *Aragon 28*
Paris	**Librairie de la Mer** *16, avenue Felix Faure*
Palermo	**Libreria del Mare** Via Cala 50
Rom	**★ Il Mare** *Via di Ripetta 239*

Del Mare, Palermo

9. Reisebuchläden, die es leider nicht mehr gibt

Librairie Magellan, Nice -2009
3, rue d'Italie
Einer der schönsten Buchläden Nizzas, die Reisebuchhandlung Magellan, schloss im Frühjahr 2009 für immer
ihre Pforten.

★ Espace IGN, Paris, 1962-2010
107, rue de la Boétie

Im Dezember 2010 (nach fast 50 Jahren) geschlossenes,
über 200 m² großes Ladengeschäft des *Institut Geographique National* im 8. Pariser Bezirk. Hier konnte
man nicht nur in einer sehr guten Auswahl an Karten zu
Frankreich stöbern, sondern auch Reiseführer zu Frankreich und seinen Überseeterritorien und zudem Globen
und technische Accessoires erwerben. Der näher an den
Touristenströmen gelegene, im Mai 2011 eröffnete
Nachfolgeladen ‚Le monde des cartes' ist flächenmäßig
deutlich kleiner, konzentriert sich stärker auf Karten und
bietet eine wesentlich begrenztere Auswahl an Reiseführern
☞ Im Juni 2011 wurde auch der IGN-Kartenladen in
Dijon geschlossen.

★ Get lost, San Francisco, 1996-2010
1825, Market Street
Der schöne lichte und unabhängige Reisebuchladen, mit
seinen riesigen Schaufenstern, hohen Decken, dem
Parkettboden und einem Dreieck-Grundriss, musste 2010
leider für immer seine Pforten schließen.
☞ Ein Jahr später schloss mit *The Globe* in Cambridge
(bei Boston) einer der größten und bestsortierten
Reisebuchläden Nord-amerikas.

★ Vagabond, Stockholm (-2011)
Götgatan 95

Vagabond ist ein führendes schwedisches Reisemagazin. Ende 2008 wurde der Reisebuchladen im Stadtteil Södermalm von einem Designbüro neugestaltet. Für den Laden wurden spezielle gelbe Regale angefertigt, deren Layout, ebenso wie die gelben Linien auf dem Linoleumfußboden, das Straßennetz Södermalms wiedergaben. Doch diese innovative Idee trug nicht zur Umsatzbelebung bei. Vagabond schloss deshalb Anfang 2011 das Ladengeschäft und zog sich auf den Onlinehandel zurück.

★ The travel bookshop, London 1979-2011
Blenheim Crescent, Notting Hill

The travel bookshop im Londoner Stadtviertel Notting Hill war eigentlich ein eher unscheinbarer Reisebuchladen. Trotzdem besuchten ihn immer wieder japanische Touristinnen oder ließen sich vor dem Laden ablichten. Grund dafür war der 1999 gedrehte Film *Notting Hill*, in welchem der Frauenschwarm Hugh Grant einen Londoner Buchhändler spielt. Dieser wurde auch im *travel bookshop* gedreht, welcher im Film als Grant's Buchladen herhalten musste. Trotz Rettungsversuchen prominenter Unterstützer schloss der *travel bookshop* im September 2011 seine Pforten.

★ De Ontdekking, Amersfoort
Stadsring 166-168

Mit seiner Globenfülle, seinem mit Zeitungsmotiven bedruckten Boden und seiner originellen Raumaufteilung - der Kassenbereich befand sich in der Mitte des 245 m^2 Raumes- gehörte *De Ontdekking* zu den schönsten Reisebuchhandlungen der Niederlande. Im Oktober 2012 schloss sie wegen sinkender Umsätze ihre Pforten.

☞ Zu den weiteren niederländischen Reisebuchläden, die in den letzten Jahren schlossen, gehören *Landschap* in Breda (2009) und *De Wegwijzer* in Haarlem und *Frank en Vrij* in Alkmaar (2011).

★Voyageurs du Monde, Marseille, -2011
25, rue Fort Notre Dame

Die französische Reisebürokette *Voyageurs du Monde* schloss kurz vor Weihnachten 2011 die Reisebuchabteilung sämtlicher Filialen mit Ausnahme des Pariser Stammsitzes. So verlor Frankreich auf einen Schlag etwa ein Dutzend Reisebuchläden, darunter Filialen in Städten wie Marseille, Lille und Nantes.

Gleumes Land & Karte, Köln, 1914-2013
Hohenstaufenring 47-51

Das 1914 von den Schwestern Margarethe und Louise Gleumes als Land- und Seekartenhandlung gegründete Geschäft war mit einer Fläche von 300 m² Deutschlands drittgrößte Reisebuchhandlung. Bei einer Umfrage der Initiative ‚*Kölner Spitzen*' unter 100.000 Kölnern belegte Gleumes einst neben der Kölner Philharmonie den zweiten Platz unter allen Dienstleistungsunternehmen.Das Gleumes-Team umfasste 16, zum Teil langjährige Mitarbeiter. Gleumes war führend, was die im Laden und Lager vorrätigen Artikel betraf- es waren zeitweise über 80 000. Dies wurde Gleumes jedoch auch zum Verhängnis, denn sinkende Umsätze konnten in den letzten Jahren immer weniger die Miet- und Lagerkosten decken.

Atlas Travel Shop, Bern
Schauplatzgasse 21

1998 zog der Atlas Travel Shop in die Schauplatzgasse in der Altstadt von Bern. Der Laden hatte zwei Etagen und neben Büchern und Landkarten führte er Outdoor-Artikel wie Zelte. Die Schaufenster waren originell und künstlerisch gestaltet. Doch im Frühjahr 2013 erhielt der Laden eine Kündigung des Mietvertrages. Andere Standorte in der Innenstadt wurden gesucht, doch die Mieten betrugen mehr als das Doppelte der bisher monatlich gezahlten 8000 Franken, eine Summe, die der Laden kaum erwirtschaften konnte. So schloss die in Ins beheimatete Firma Atlas travel world (atw) ihren Buchladen in Bern. In die Räumlichkeiten zog, nicht ganz schweizuntypisch, eine Bank ein.

⛴ ★ Geobuch, München
Rosental 6

Nach einem Umbau im Jahr 2009 war Geobuch in der Münchner Innenstadt mit einer Verkaufsfläche von 450 m^2 auf zwei Etagen die zweitgrößte Reisebuchhandlung Deutschlands und auch eine der schönsten. Leider mußte sie 2017 schließen.

★ Landkarten Schwarz, Frankfurt am Main
Kornmarkt 12

Landkarten Schwarz wurde bereits 1903 in Frankfurt gegründet, und zog im Jahre 2008 in ein Ladenlokal am Kornmarkt, direkt neben den *Zweitausendeins*-Buchladen (dem ersten *Zweitausendeins*-Laden der Bundesrepublik). In dieser etwa 150 m^2 großen Reisebuchhandlung mit gut sortiertem Kartenbestand kann man in original 1950er-Jahre Kinosesseln schmökern, die aus einem Lichtspielhaus, welches geschlossen wurde, übernommen wurden.

Nach 2005 geschlossene Läden

Deutschland
Fata Morgana, Bremen, 2010 (nur noch Onlinehandel)
Aktivreiseteam, Chemnitz, 2011 (nur noch Reisebüro)
Freytag&Berndt, München, 2011
Mapexpert (nur Landkarten), Jena, 2012
Gleumes, Köln, 2013
Geobuch, München, 2017
Orgs, Essen, 2017

Frankreich
Georama, Straßburg, 2009, Brest
Magellan, Nizza, 2009
Latitude, Bordeaux, 2010
Espace IGN, Paris, 2010, Dijon, 2011travel shop
Gaia, Grenoble, 2011
Voyageurs du Monde, Filialen in
Rouen, Marseille, Grenoble, Lille (alle 2011)
Geothèque, Nantes, 2015

Niederlande
Atlas, Tilburg, 2006
Landschap, Breda, 2009
Frank&Vrij, Alkmaar, 2011
De Ontdekking, Amersfoort, 2012

Belgien
De Blauwe Planeet, Antwerpen, 2007
Nomade, Leuven, 2012
Peuples et Continents, Brüssel, 2013

Südeuropa
La mongolfiera, Pisa, 2012
Mapas Perseo, Madrid, 2013
Altair, Madrid, 2014
Diario di Viaggio, Turin, 2015

Übriges Europa
Travel bookshop, London, 2011
Vagabond, Stockholm, 2011
Freytag&Berndt, Graz, 2012
Atlas Travel Shop, Bern, 2013

10. Stadtmodelle

Die Zahl der Reisebuchläden schrumpft immer mehr. Damit das Büchlein nicht immer dünner wird, gibt es ab dieser Ausgabe ein Kapitel zu Stadtmodellen. Mit 8 Stadtmodellen ist ein Anfang gemacht. Mit jeder Neuauflage sollen weitere Modelle hinzukommen.

Freiberg (Sachsen)

Der westfälische Bildhauer Egbert Broerken hat bereits für über 100 deutsche Städte Blinden-Stadtmodelle aus Bronze gefertigt. Das Stadtmodell von Freiberg in Sachsen stammt jedoch aus der Werkstatt von Volker Träger und Volker Beyer in Langenau. Wegen der kritischen Finanzlage von Freiberg konnte das Wachsmodell einige Jahre nicht umgesetzt, mittlerweile steht das Bronzemodell jedoch.

Frankfurt-Treuners Altstadtmodell (1 :200) ★
Historisches Museum, Saalhof 1

Die Brüder Hermann (1876-1962) und Robert Treuner (1877-1948) erstellten zwischen 1926 und 1961 aus Holz, Sperrholz, Karton und Papier ein Modell der Frankfurter Altstadt, welches heute im Historischen Museum besichtigt werden kann.

Ein 1946 erarbeitetes Trümmermodell, soll die Zerstörungen des 2. Weltkriegs übertrieben dargestellt haben, um eine moderne Bebauung durchsetzen zu können. Einige der in einem später entstandenen Teilmodell dargestellten modernen Bauten wie das Technische Rathaus gibt es mittlerweile nicht mehr. Es wurde abgerissen und an seiner Stelle wurde ein Teil der Altstadt wiederaufgebaut oder mit neuer kleinteiliger Architektur nachempfunden. Ebenfalls im Stadtmuseum zu besichtigen: ein sehr kreatives subjektives Stadtmodell des holländischen Künstlers Hermann Helle.

Frankfurt Stadtmodell (1:500)
Atrium
Kurt Schumacher Straße 10
Mo-Fr 8:30-18:00

Mit dem Bau des Frankfurter Stadtmodells wurde in den 1960er Jahren begonnen. Heute zeigt es auf einer Fläche von 54 m^2 (9.6 m x 5.6 m) etwa 11 km^2 des Frankfurter Stadtgebietes.
Die Gebäude sind aus einem speziellen Modelbaukunststoff hergestellt und hellgrau angelegt, manche Gebäude wie der Hauptbahnhof auch in Weiß. Neuere Hochhäuser sind in brauner Farbe angelegt.

Kölner Stadtmodell (1:500)
Rathaus Köln, Spanischer Bau (Innenstadt)
https://www.stadtmodell-koeln.de/kontakt/
Mo, Mi, Do 8-16, Di 8-18, Fr 8-12

Als ich das Kölner Stadtmodell vor etwa 7 Jahren erstmals besuche, waren 28 von 144 (12x12) geplanten 1 m^2 Platten realisiert. Bei der zweiten Besichtigung vor einem Jahr waren es schon 56 Platten und heute sind es bereits 64 (ein Innenstadtgebiet von 4x4 km). Jede Platte zeigt ein Gebiet von 500x500 Metern, das ganze Modell wird 6x6 km darstellen, also weniger als ein Zehntel des großflächigen Kölner Stadtgebietes.
Für die Erweiterung des Stadtmodells werden Sponsoren gesucht. Eine Broschüre informiert, dass 1 cm^2 in der Herstellung 1.5 Euro kostet, eine Platte also 15 000 Euro.

Trier, Modell des Römischen Trier (1:500) ★
Rheinisches Landesmuseum Trier
Weimarer Allee 1
Di-So 10-17

Trier war einst die größte römische Stadt nördlich der Alpen und wurde deshalb auch Roma Segunda, zweites Rom, genannt. Dies wird anhand eines ca. 20 m² großen beeindruckenden Stadtmodells im Rheinischen Landesmuseum in Trier deutlich, welches den Zustand um 370 n. Chr. zeigt. Erbaut wurde es von 1981-1991 vom Trierer Modellbauer Joachim Woditsch.

Münster Stadmodell (1:500)

www.muenster-modell.de

Wechselnde Ausstellungsorte

Das wachsende Münster-Modell hat bisher leider keine feste Ausstellungsstätte. Die Innenstadt ist im Wesentlichen dargestellt, noch 20 Platten zu den äußeren Stadtteilen fehlen. Die meisten Gebäude werden in weiß wiedergegeben. Historisch wichtige Gebäude werden durch dunkles Birnenholz hervorgehoben. Seit dem Jahr 2000 neu hinzugekommene Gebäude durch helles Lindenholz.

Stadtmodelle Hannover (1:500) ★
Mo-Fr 9:30-18, Sa-So 10-18 (Winter 10-16:30)
Trammplatz

In der Eingangshalle des Neuen Rathauses von
Hannover sind gleich vier Stadtmodelle, die Anfang
der 1950er Jahre gebaut wurden, zu sehen. Sie
zeigen den städtebaulichen Zustand von 1689, 1939,
1945 und von heute. Die Möglichkeit des Ver-
gleichs, vor allem Vorkriegszustand, Kriegszer-
störung und Wiederaufbau, macht die Betrachtung
sehr interessant. In keiner anderen Stadt haben mich
Stadtmodelle bisher so beeindruckt.

Modell 1945

Biberach, historisches Stadtmodell (1:200)
Museumstr. 6
Mo-Di, Fr 10-13, 14-17, Do 10-13, 14-20, Sa-So 11-18

Seit Mai 2019 gibt es in Biberach (Riss) ein bronzenes Blinden-Tastmodell. Im sehenswerten Stadtmuseum gibt es zusätzlich ein historisches Stadtmodell. Dieses zeichnet sich durch einen relativ großen Maßstab (1:200) und Detailtreue aus. Jedes Haus innerhalb der mittelalterlichen Stadtmauer ist akribisch genau dargestellt.

Anhang

1. Geographische und Reisebuchhandlungen

Deutschland	
Berlin	**Chatwins** (literarische Reisebuchhandl.) Goltzstr. 40 Berlin-Schöneberg Mo-Fr 10-20, Sa 10-16 www.chatwins.de
	Schropp Land+Karte Hardenbergstr. 9a (Charlottenburg), U: Zoo Mo-Fr 10-20, Sa 10-18 www.schropp.de
	Camp 4 Buchladen (Dr. Seifert) Berlin-Friedrichshain, Karl-Marx-Allee 32 Mo-Fr 10-20, Sa 10-18 www.camp4.de
	Globetrotter (Buchabteilung) Schloßstr.78-82 (U: Rathaus Steglitz) Mo-Fr 10-20, Sa 9-20 www.globetrotter.de/de/filialen/berlin/index.php
Bonn	**Globetrotter** (Buchabteilung) Vorgebirgsstr. 86 Mo-Sa 10-20, www.globetrotter.de
Dresden	**Der Reisebuchladen** Louisenstr. 38, Dresden-Neustadt Mo-Fr 11-19, Sa 11-14 www.der-reisebuchladen.de
	Globetrotter (Buchabteilung) Prager Str. 10 Mo-Sa 10-20, www.globetrotter.de
Freiburg	**Landkartenhaus** Schiffstr. 6 Mo-Fr 9:30-19, Sa 9:30-18 www.landkartenhaus-voigt.de

Frankfurt	**Globetrotter** (Buchabteilung) Grusonstr. 2 Mo-Fr 10-20, Fr-Sa 9-20 www.globetrotter.de/de/filialen/frankfurt/index.php
Hamburg	**Dr. Götze Land &Karte** Alstertor 14-18 Mo-Fr 10-19, Sa 10-18 www.mapshop-hamburg.de
	Landkarten Büchereck Lohkampstr.6 (AKN: Eidelstedt Zentrum) Mo-Fr 9:30-18, Sa 9:30 -13 www.land-karten.de
	Globetrotter (Buchabteilung) Wiesendamm 1 (U, S: Barmbek) Mo-Fr 10-20, Sa 9-20 www.globetrotter.de/de/filialen/hamburg/index.php
Heidelberg	**Reisebuchladen Heidelberg** Kettengasse 5 Mo-Fr 9-19, Sa 9-16 www.reisebuchladen-heidelberg.de
Karlsruhe	**Reisebuchladen Karlsruhe** Herrenstr.33 Mo-Fr 9-19, Sa 9-16 www.reisebuchladen-karlsruhe.de
Köln	**Globetrotter (Buchabteilung)** Olivandenhof, Richmodstr. 10 Mo-Do 10-20, Fr-Sa 10-21 www.globetrotter.de/de/filialen/koeln/index.php
Kiel	**Geobuchhandlung Kiel** Schülperbaum 9 Mo-Fr 10-18:30, Sa 10-15 www.geobuchhandlung.de
Leipzig	**Reisefibel (Reisebüro + Buchhandlung)** Markgrafenstr. 5 Mo-Fr 10-19, Sa 10-16 www.reisefibel.de

Plauen	**Der Reisebuchladen** Im Reisebüro Sendig, Herrenstr. 8 Mo-Fr 9:30-18:00
München	**Globetrotter (Buchabteilung)** Isartorplatz 8-10 Mo-Sa 10-20 www.globetrotter.de/de/filialen/muenchen/index.php
Nürnberg	**Freytag&Berndt** Königstr. 85, U/S: Nürnberg Hbf Mo-Fr 10:30-18:30, Sa 10:30-18:00 www.freytagberndt.at
Regensburg	**Freytag&Berndt** Kohlenmarkt 1 Mo-Fr 9:30-18:30, Sa 9:30-18:00 www.freytagberndt.at
Stuttgart	**Globetrotter (Buchabteilung)** Tübinger Str. 11 Mo-Sa 10-20 www.globetrotter.de/de/filialen/stuttgart/index.php
Wuppertal	**Baedeker Land+Karte** Friedrich-Ebert-Str. 31 Mo-Fr 9:30-19, Sa 9:30-16 www.baedeker-buecher.de
Wiesbaden	**Das Landkartenhaus Angermann** Mauergasse 21 Mo-Fr 10-19, Sa 10-16 www.landkartenhaus.de
Österreich	
Wien	**Freytag&Berndt Reisebuchhandlung** Wallnerstr. 3 Mo-Fr 9:30-19, Sa 9:30-18 www.freytagberndt.at
Salzburg	**Motzko** Elisabethstr. 1 Mo-Fr 9-18:30, Sa 9-17:00 www.motzko.at

Schweiz	
Genf	**Le Vent des Routes** Rue des Bains 50 Mo-Fr 9-18:30, Sa 9-17 www.vdr.ch
Zürich	**Piz Buch &Berg** Müllerstr. 25 Di-Fr 10-13, 14-18:30, Sa 10-16 www.pizbube.ch
	Travel Book Shop Rindermarkt 20 CH-8001 Zürich (Niederdorf) Mo 13-18:30, Di-Fr 9-18:30, Sa 9-17 www.travelbookshop.ch
Belgien	
Antwerpen	**Alta Via** Nassaustraat 29 Mo-So 10-17:30, Do-20 www.altaviatravelbooks.be
Brügge	**De Reyghere** Markt 13 Mo-Fr 9:30-12:30, 13:30-18:30, Sa 9:30-18:00 www.dereyghere.be
Brüssel	**Anticyclone des Azores** Mo-Fr 9:30-18 Fossé aux Loups 34
Gent	**Atlas & Zanzibar** Kortrijksesteenweg 19 Mo-Sa 10-13, 14-18 www.atlaszanzibar.be
	Atlas & Zanzibar Kortrijksesteenweg 1036 Mo-Sa 10-13, 13:30-18 www.atlaszanzibar.be

Niederlande	
Amsterdam	**Evenaar** Literarische Reisebuchhandlung Singel 348
	Pied à terre Overtoom 135-137, Mo 13-18, Di-Fr 9:30-18, Do -21, Sa 10-17 www.piedaterre.nl
	A la carte (So 12-, Mo 13-)10-18 (Do -21, Sa -17:30, So-17) Utrechtsestraat 110 www.reisboekhandel-alacarte.nl
Arnhem	**De Noorderzon** Nieuwstad 35 (Mo 13-)10:15-18 (Do-21, Sa -17) www.denoorderzon.nl
Den Haag	**Stanley&Livingstone** Schoolstraat 21, Mo-Sa 10-18 www.stanley-livingstone.eu
Deventer	**De Wandelwinkel** Bergkerkplein 5 Mo 12-18, Di-Fr 10-18 (Do-21) Sa 10-17 www.dewandelwinkel.nl
Groningen	**De Zwerver** Oude Kijk in't Jatstr. 43-45 Mo 13-18, Di-Fr 10-18 (Do-21) Sa 10-17 www.dezwerver.nl
Leiden	**Zandvliet** Stille Rijn 13 Mo 13-18, Di-Fr 10-18 (Do-21) Sa 10-17 www.zandvlietleiden.nl
Lisse	**Op Reis winkel** Heereweg 139 Do 9:30-21, Fr-Sa 9:30-17 www.opreiswinkel.nl
Utrecht	**Interglobe** Vinkenburgstr. 7 Mo 13-18, Di-Fr 10-18 (Do-21) Sa 10-17 www.interglobetravel.nl

Frankreich	
Angers	**Itinérances** 62, rue Baudrière Mo 14-19, Di-Sa 10:30-19 www.librairie-voyage-angers.fr
Lille	**Autour du Monde** 65, rue de Paris www.autourdumonde.biz
Marseille	**Au vieux campeur** 255, avenue du Prado Mo-11-19, Di-Fr 11-19:30, Sa 10-19 www.auvieuxcampeur.fr
Montpellier	**Les cinq continents** 20 Rue Jacques Coeur Mo 13-19, Di-Sa 10-19 www.lescinqcontinents.com
Nantes	**Geothèque** 14, rue Racine Mo 14-19, Di-Sa 10-19 Geotheque.over-blog.com
Lyon	**Raconte-moi la terre** 14 rue du Plat, Metro: Bellecour Mo 12-19:30, Di-Sa 10-19:30 www.racontemoilaterre.fr
	Au vieux campeur Cours de la Liberté 72 Mo 11-19, Di-Fr 11-19:30, Sa 10-19 www.auvieuxcampeur.fr
Rennes	**Ariane** 20 rue due Capitaine Dreyfus Mo 14-19, Di-Sa 9:30-12:30 14-19 www.librairie-voyage.com
Straßburg	**Au vieux campeur** 32, rue du 22 Novembre Mo-11-19, Di-Fr 11-19:30, Sa 10-19 www.auvieuxcampeur.fr

Paris	**Le Phénix** (Bücher zu China) 72 bd de Sebastopol www.librairielephenix.fr
	Le monde des cartes 50, rue de la Verrerie loisirs.ign.fr
	Harmattan- Librairie Internationale 146, rue des écoles Mo-Sa 10-19 www.librairieharmattan.com
	Librairie Marine et Voyages 8, rue d'Echaudé www.librairie-polak.com
	Ulysse 26, rue St.Louise en l'Ile, 75004 Paris Di-Fr 14-20 www.ulysse.fr
	Au Vieux Campeur 48, rue des ècoles, 75005 Paris Mo-Fr 11-19:30, Sa 10-19:30 www.auvieuxcampeur.fr
	Voyageurs du Monde **48, rue Sainte-Anne, 75002 Paris** Mo-Sa 9:30-19:00 https://www.voyageursdumonde.ca/voyage-sur-mesure/divers/librairie

Großbritannien	
Bath	**The Antique Map Shop** 9/10 Pulteney Bridge Bath www.dg-maps.com
Bristol	**Stanfords** 29, Corn Street Mo-Sa 9-18, So 11-17 www.stanfords.co.uk
Hereford	**The Map Centre** 24-25, Church Street Mo-Sa 9-18, So 11-17 www.themapcentre.com
London	**Daunt Books** 83, Marylebone High Street Mo-Sa 9-19:30, So 11-18 www.dauntbooks.co.uk
	Stanfords 7, Mercer Walk Mo-Fr 9-20, Sa 10-20, So 12-18 www.stanfords.co.uk
Upton upon Severn	**The map shop** 15 High Street Mo-Sa 9-17:30 www.themapshop.co.uk

Spanien	
Madrid	**Desnivel** Plaza Matute 6 Mo-Sa 10-14, 16:30-20:30 www.libreriadesnivel.com
	De viaje Serrano 41, 28001 Madrid Mo-Fr 10-20:30, Sa 10:30-14:30, 17-20 www.deviaje.com
	Tierra de Fuego Travesia de Conde Duque 3 Mo-Fr 10-14, 17-20, Sa 10-14 www.tierradefuego.es
	La casa del mapa General Ibanez de Ibero 3 Mo-Fr 8:30-14 www.cnig.es
Barcelona	**Altair** Gran Via 616, Mo-Sa 10-20:30 www.altair.es
	Guia Travessera de Gracia 146 (Metro: Fontana) Mo-Sa 10-14, 17-20:30 www.libreriaguia.com
Burgos	**Sedano** Paseo Espolon 6 www.libreriadeviajessedano.com
Girona	**Ulyssus** Ballesteries 29 Mo-Sa 10-14, 16:30-20:30 www.ulyssus.com
La Coruna	**7 Mares** Plaza, 1 bajo derecha (Nähe Mercado de San Agostin) Mo-Fr 10-14, 17-20:30, Sa 11-14 **7mareslibros.com**

Leon	**Iguazu** Calle Plegarias 7 www.libreriaiguazu.com
Malaga	**Mapas y Cia** Compania 33 Mo-Fr 10-13:30, 17-20:30, Sa 10-14:30 www.mapasycia.es
Valencia	**Libreria Patagonia** c./Hopital 1 Mo-Fr 10-14, 16:30-20:30, Sa 14:30-17:30-20:30 www.libreriapatagonia.com
	Regolf Calle del Mar 22 Mo-Fr 10-13:30, 17-20, Sa 10-13:30 http://abaco.ya.com/Regolf/
Vic	**Muntanya de Llibres** C Jacint Verdaguer 31 Mo-Sa 9:30-13:30, 16:30-20:00 www.muntanyadellibres.com
Portugal	
Lissabon	**Palavra de Viajante** Rua de Sao Bento 30 Di-Do 10-19, Fr-Sa 10-20:30 http://palavra-de-viajante.pt

Italien	
Bologna	**Ulisse** Via degli Orti 8 Mo-So 10-21 http://www.Libreriaulisse.com
Florenz	**Stella Alpina** Via Filippo Corridoni 14 www.stella-alpina.com
Mailand	**Luoghi&Libri** Via Vettabbia 3 Mo 15-19:30 Di-Sa 10-19:30 www.luoghielibri.it
	Monti in citta Viale Caldara 20 Mo 15-19:30, Di-Fr 9:30 (Sa 10-)-13:30, 15:00-19:30 www.libridimontagna.net
Norcia	**Geosta** Via Foscolo 10a Di-Sa 9-13, 15:45-19:30, So 9-13, 15-19:30 www.geosta.net
Padua	**Pangea** Via San Martino e Solferino 106 Mo 15:30-19:30, Di-Sa 9:30-12:30, 15:30-19:30 www.libreriapangea.com
Pordenone	**Quo Vadis** Via Brusafiera 16 Di, Do 10-19:30, Mi, Fr, Sa 9-12:30,15:30-19:30 www.quovadislibris.com
Rom	**Libreria del Viaggiatore** Via del Pellegrino 78 Mo-Sa 10-14, 16-20
Sondrio	**VEL Libreria del Viaggiatore** Via Angelo Custode 3 Di-Sa 9:30-12:30, 15:30-19:30 www.vel.it

Trient/ Trento	**Libreria Viaggeria** Via S. Viglio 20 www.libreriaviaggeria.it
Triest	**Transalpina Libreria** Via di Torre Bianca 27/a Di-Sa 9-13, 15 :30-19 :30 www.transalpina.it
Turin	**Il Giramondo** Via Carena 3, Di-Sa 9-13, 15-19:30 www.ilgiramondo.it
	La montagna Via Paolo Sacchi 28 Di-Sa 9:30-12:30-15:30-19:30 www.librerialamontagna.it
Udine	**Odos** Vicolo della Banca 6 Di-Sa 9:30-13:00, 15:30-19:30 www.libreria-odos.it
Verona	**Gulliver Travelbooks** Via Stella 16b So-Mo 15:30-19:30, Di-Sa 9:30-12:30,15:30-19:30 www.gullivertravelbooks.it

Übersetzungshilfe Italienisch	
Diari di Viaggio	**Reisetagebuch**
Giramondo	**Weltenbummler**
Luoghi&Libri	**Orte und Bücher**
La montagna	**Die Berge**
Stella Alpina	**Edelweiß**
Del Viaggiatore	**Des Reisende**

Nordeuropa und Baltikum

Dänemark	
Kopenhagen	**Tranquebar** Borgergade 14 Mo-Fr 10-18, Sa 10-15 www.tranquebar.net
	Nordisk Korthandel Studiestraede 26-30 Mo-Fr 11-18, Sa 9:30-15 www.scanmaps.dk
Schweden	
Stockholm	**Kartbutiken** Mäster Samuelsgatan 54 Mo-Fr 10-18, Sa 10-16 www.kartbutiken.se
Lettland	
Riga	**Jana Seta** 83/85 Elizabetes Str., Block 2 Mo-Fr 10-19, Sa 10-17 www.karsuveilkas.lv
Litauen	
Vilnius	**GIS-Centras** Seliu G. 66 Mo-Fr 10-19, Sa 10-14 www.mapshop.lt

Osteuropa und Südosteuropa

Griechenland	
Athen	**Anavasi** 32, Voulis Street www.anavasi.gr
	Travel Bookstore 71 Solonos Street www.travelbookstore.gr
Rafina	**East Attica Bookstore** 23rd km. Marathonos Avenue Rafina, Attica, Greece 19009 www.travelbookstore.gr
Tschechische Republik	
Prag	**Mapcentrum** Jihlavska 405, Prag 4 Mo-Fr 8:30-17:30 www.mapcentrum.cz
	Prodejna map a Pruvodcu Senovacne nam 6 Mo-Sa 10-18 www.mapyapruvodce.cz
Ungarn	
Budapest	**Freytag&Berndt** Kalvin Ter 5 Mo-Dr 10-18:30, Sa 10-13 www.freytagberndt.hu
	Terkepbolt Soroksari ut 33-35 Mo-Fr 9-19, Sa 10-18 www.cartomap.hu
Gyula	**Hiszi Map** Varoshaz 23 5700 Gyula www.hiszi-map.hu

Nordamerika

USA	
Los Angeles	**Traveler's Bookcase** 8375 W 3rd Street
New York	**Travelers Choice** 2, Wooster Street
New York	**Idlewild** 12,West 19th Street Mo-Do 12-19:30, Fr, Sa 12-18, So 12-17 www.idlewildbooks.com
Santa Fé	**Travel Bug** Paseo de Peralta 839
Seattle	**Wide World Travel Store** 4411a Wallingfor Avenue Mo-Sa 10-19, So 10-18
Kanada	
Montreal	**Ulysse** 4176, rue St. Dénise Mo-Mi 10-18, Do-Fr 10-21, Sa 10-17:30 www.guides.ulysse.com
Montreal	**Ulysse** 560, av du Président Kennedy Mo-Mi 10-18, Do-Fr 10-18:30, Sa 10-17 www.guides.ulysse.com
Vancouver	**Travel Bug** 3065 West Broadway Mo-Mi, Sa 10-18, Do-Fr 10-19 www.travelbugbooks.ca

2. Fakten zu Reisebuchläden

Bookstore Guide: Top 5 travel bookstores
(Bookstore Guide: die besten Reisebuchläden Europas)

Daunt Books	London
Stanford's	London
Altair	Barcelona
Stanley&Livingstone	Den Haag
Travel bookshop*	London

*Geschäftsaufgabe im August 2011

Buchmarkt.de: Buchhandlung des Jahres
(2003-2014 vergeben)
Kategorie: Spezialbuchhandlung

Unterstrichen: Reisebuchhandlungen

Spezialbuchhandlung		
2005	Berlin Story, Berlin	Berlin-Bücher
2006	Schmitz Junior, Essen	Kinderbücher
2007	Landkartenhaus Freiburg	Karten, Reiseb.
2008	Frank Petzchen, Düsseldorf	Kochbücher
2009	Siedepunkt, Münster	Kochbücher
2011	Ars Liturgica, Maria Laach	Religion
2012	Schropp Land+Karte, Berlin	Reisebücher
2013	Buchhandlung im Städel, Frankfurt	Kunstbücher
2014	Lillemors, München	Frauenliteratur

Quelle: www.buchmarkt.de

10 Sehenswürdigkeiten, welche mit Reiseschriftstellern und Entdeckern zusammenhängen

Person	Sehenswürdigkeit	Ort
Curzio Malaparte	Villa Malaparte	Capri
Heinrich Harrer	Heinrich Harrer-Museum	Hüttenberg, Kärnten
Thor Heyerdahl	Kon Tiki-Museum	Oslo
Friedrich Gerstäcker	Gerstäcker-Museum,	Braun-schweig
Kolumbus	Kolumbus-Museum	Valladolid, Spanien
Bruce Chatwin, Patrick Lee Fermor	Kardamyli, Kapelle,	Mani, Griechen-land
Alexander von Humboldt	Humboldt Museum (Grab Alexander von Humboldts)	Berlin
	Museum für Naturkunde	Berlin
Entdecker allgemein	National Geographic Museum	Washington
Portugiesische Entdecker	Entdeckermuseum,	Belem, (Lissabon)

3. Bücher für Geographen

a) 100 ausgewählte Reisebücher

Diese Liste ist davon bestimmt, was der Autor bereits gelesen hat oder kennt. Sie soll in weiteren Auflagen aktualisiert und ergänzt werden. Anregungen werden gerne entgegengenommen.

Um eine zu lange, sich über mehrere Seiten hinziehende Tabelle zu vermeiden, sind die 100 Reisebücher in Unterkategorien aufgeteilt, die der Orientierung dienen sollen, sich manchmal aber überschneiden mögen.

Vor allem im englischsprachigen Raum gibt es zahlreiche Listen der ,besten Reisebücher aller Zeiten'. Diese Listen sind gute Anhaltspunkte für wichtige Werke, enthalten aber zumeist nur Bücher, die im Original in Englisch geschrieben oder ins Englische übersetzt wurden. Letzteres trifft nur für wenige deutschsprachige Reisebücher zu.

Die Liste der 100 besten Reisebücher wird ergänzt durch eine Liste von 100 humoristischen Reisebüchern/Sprachführern und anderen Tabellen zu 50 weiteren Büchern, welche Geographen und Weltenbummler ansprechen könnten.

Bücher, welche dem Autor besonderen Lesespaß bereitet haben (interessanter Schreibstil, kenntnisreiche Darstellung, neue Einblicke), sind mit einem Stern ★ gekennzeichnet.

Große Entdecker

Ibn Battutah 1304-1377	The Travels of Ibn Battutah	Ca. 1350
Christoph Kolumbus 1451-1506	Bordbuch	1492
Hernan Cortes 1485-1547	Die Eroberung Mexicos Berichte an Kaiser Karl 1520-1524	1524
Vasco da Gama 1469-1524	Der Weg nach Ostindien	Ca. 1525
Marco Polo 1254-1324	Die Wunder der Welt	1298

Naturwissenschaftler, Ethnologen

Carsten Niebuhr 1733-1815	Reisebeschreibung nach Arabien und anderen umliegenden Ländern	1778
Charles Darwin 1809-1882	Die Fahrt der Beagle (1831-1836)	1839
Georg Forster 1754-1794	Reise um die Welt	1777
Alexander von Humboldt 1769-1859	Reisen in die Aequinoctial-Gegenden des neuen Continents	1859
	Zentralasien	1844
Claude Lévi-Strauss 1908-2009	Traurige Tropen	1955

Bergsteiger, Abenteurer

Thor Heyerdal 1914-2002	Kon Tiki	1950
Rüdiger Nehberg	Danakil-zu Fuß durchs Höllenloch der Schöpfung	1979
Mary Kingsley 1862-1900	Travels in West Africa	1897
Wolf-Ulrich Cropp	Alaska-Fieber ★	1989
Jon Krakauer	Into the wild	1996
Andreas Kieling	Ein deutscher Wandersommer ★	2013

Historische Reisebeschreibungen

Pausanias 115-180	Beschreibung Griechenlands	160
Hyecho 704-787	Travel Diary	727
Matsuo Basho 1644-1694	Auf schmalen Pfaden ins Hinterland	1689
Hans Staden 1525-1576	Die Wahrhaftige Historia- zwei Reisen nach Brasilien (1548-1555)	1555
Adam Olearius 1599-1671	Moskowitische und persische Reise	1657
Wiliam Lithgow 1582-1645	Rare Adventures and painful Peregrinations	1614
Friedrich Gerstäcker 1816-1872	Streifzüge durch Amerika. 1837-1843	2000
Engelb. Kaempfer 1651-1716	Russlandtagebuch	1683
	The History of Japan	1727
Harry Graf Kessler 1868-1937	Notizen über Mexico	1988

Tibetreisende

Sven Hedin 1865-1952	Durch Asiens Wüsten	1899
Heinrich Harrer 1912-2006	Sieben Jahre in Tibet ★	1952
Alexandra David-Néel 1868-1969	My journey to Lhasa	1927

Politiker

Che Guevara 1928-1967	Latino Americana (Tagebuch einer Motorradreise 1951/52)	1994
Michel de Montaigne 1533-1592	Tagebuch der Reise nach Italien über die Schweiz und Deutschland 1580/81	1774

TV-Journalisten, TV-Unterhalter

Fritz Pleitgen	Väterchen Don –der Fluss der Kosaken	2008
Dirk Sager	Berlin-Saigon Eine Reise in die andere Hälfte der Welt	2007
Peter Scholl-Latour	Tod im Reisfeld	1980
	Afrikanische Totenklage	2001

Journalisten

R. Kapuscinsky 1932-2007	The Shadow of the Sun ★	1998
Tiziano Terzani 1938-2004	A Fortune-Teller Told me ★	1998
Curzio Malaparte 1898-1957	Zwischen Erdbeben ★	1996
Horst Krüger 1919-1999	Stadtpläne-Erkundungen eines Einzelgängers	1967
	Poetische Erdkunde ★	1978

Berühmte Schrifsteller

Heinrich Böll 1917-1985	Irisches Tagebuch ★	1957
Karel Capek 1890-1938	Letters from England	1925
Theodor Fontane 1819-1898	Wanderungen durch die Mark Brandenburg	1862-1888
Wolfgang v. Goethe 1749-1832	Italienische Reise (1786-1788)	1817
Heinrich Heine 1797-1856	Harzreise	1826
Victor Hugo 1802-1885	Der Rhein	1845
Ernst Jünger 1895-1998	Atlantische Fahrt	1947
Franz Kafka 1883-1924	Reisetagebücher	1937
V.S. Naipaul	Among the believers	1981
Cees Noteboom	Der Umweg nach Santiago	1997
Fernando Pessoa 1888-1935	Mein Lissabon	1925/ 1992
Luise Rinser 1911-2002	Nordkoreanisches Reisetagebuch	1981
Salman Rushdie	The Jaguar Smile- A Nicaraguan Journey	1987
W.G. Sebald 1944-2001	Die Ringe des Saturn	1995
Johann Gottfried Seume 1763-1810	Spaziergang nach Syrakus	1804
John Steinbeck 1902-1968	A Russian Journal ★ (Russische Reise)	1948
Robert L. Stevenson 1850-1894	Travels with a donkey in the Cévennes	1879
Marc Twain 1835-1910	Bummel durch Europa	1880

Radfahrer

Dervla Murphy	Through Siberia by Accident	2005
Dervla Murphy	The Island that dared- travels through Cuba	2008

Weitwanderer

Michael Holzach 1947-1983	Deutschland umsonst ★	1979
Wolfgang Büscher	Berlin-Moskau – eine Reise zu Fuß ★	2003
Eric Newby 1919-2006	A Short Walk in the Hindu Kush	1958
Hape Kerkeling	Ich bin dann mal weg	2006
Patrick Leigh Fermor 1915-2011	A Time of Gifts-on Foot to Constantinople	1977
Carmen Rohrbach	Am grünen Fluss- Isar eine Wanderung von der Quelle bis zur Mündung ★	2005

Schiffsreisende

William Bligh 1754-1817	A Voyage to the South Sea	1792
H.M. Doughty	Mit Butler und Bootsmann	1894
Ernest Shackleton 1874-1922	Escape from the Antarctic ★	1919
Jonathan Raban	Old Glory- Voyage down the Mississippi	1981

Autoreisende

Nicolas Bouvier **1929-1998**	Oeuvres	2004
Heinrich Hauser **1901-1955**	Fahrten und Abenteuer im Wohnwagen	1935
Frank Fischer	Südharzreise	2010

Bahnreisende

Paul Theroux	The Great Railway Bazaar (By train through Asia) ★	1975
	The Old Patagonian Express	1979
Michael Obert	Balkanbeat- Meine Suche nach Patrick Leigh Fermor ★	2009
Steffen Möller	Expedition zu den Polen ★	2012

Spezielle Verkehrsmittel

Dan Kieran	Slow Travel	2013

Weitere wichtige Reisebücher

Gertrude Bell 1868-1926	Syria- The Desert and the Town	1907
Tim Butcher	Blood River	2007
Bill Bryson	The Lost Continent: Travels in Small Town America ★	1989
	Neither here nor there: Travels in Europe ★	1991
Robert Byron 1905-1941	The Road to Oxania	1937
Bruce Chatwin 1940-1989	In Patagonia ★	1977
	What am I doing here	1989
William Dalrymple	City of Djinns	1994
Lieve Joris	Der Tanz des Leoparden	2001
	Die Tore von Damaskus ★	2004
Robert D. Kaplan	Balkan Ghosts	1993
	Eastwards to Tartary ★	2001
Norman Lewis 1908-2003	Golden Earth - Travels in Burma	1952
Claudio Magris	Donau- Biographie eines Flusses	1988
Peter Matthiesen	The snow Leopard ★	1978
Nick Middleton	Last Disco in Outer Mongolia	1992
Jan Morris	Destinations	1980
Hanns-Josef Ortheil	Rom- Eine Ekstase ★	2009
Wilfred Thesiger 1910-2003	Arabian Sands	1959
Colin Thubron	Shadow of the Silk Road	2006
Evelyn Waugh 1903-1966	Labels- a Mediterranean Journey	1930
Rebecca West 1892-1983	Black Lamb and Grey Falcon- A Journey Through Yugoslavia ★	1942

b) Weitere bekannte Reisebücher

Jose Saramago (1922-2010),
Die Portugiesische Reise (2002)
Der portugiesische Nobelpreisträger langweilt in diesem Buch mit altbacken dargebrachten Informationen zu Architektur und Historie einer zu großen Zahl bereister portugiesischer Orte und einem Mangel an beschriebenen persönlichen Erlebnissen.

Annemarie Schwarzenbach (1908-1942),
Alle Wege sind offen – die Reise nach Afghanistan 1939/40

Interessante Reiseroute und damals ungewöhnliches Verkehrsmittel, sowie faszinierender zeitgeschichtlicher Kontext. Das Buch spart jedoch persönliche Erlebnisse der Reise zu sehr aus, es gibt Lücken in der Darstellung und es fehlt an Spannung.

Giovanni di Lampedusa
Ein Literat auf Reisen (Briefe 1925-30)

Zeitgeschichtlich interessante Abschnitte, aber insgesamt mangelt es im Buch an Details der besuchten Orte.

Michael Palin
Michael Palin's New Europe, 2008
Unterhaltsam zu lesen und teilweise sogar richtig interessant. Trotzdem bleiben die Buchversionen der Fernsehreiseberichte von Michael Palin zu sehr an der Oberfläche, das unmittelbare Reiseerlebnis, die Spontaneität und die eigene Reiseanstrengung fehlen einfach bei logistisch gut geplanten TV-Dokumentationen, die auf Bildausbeute aus sind.

Andreas Altmann
Notbremse nicht zu früh ziehen-Mit dem Zug durch Indien, 2003

Das lesbare Buch bietet gute, abgerundete Unterhaltung. Es fehlt jedoch an Schärfe und historischem Tiefgang der Beobachtung.

Robert Gernhardt (1937-2006)
Hinter der Kurve, Reisen 1978-2005(2012)

Dichter, Maler, Satiriker - zahlreich waren die Talente Robert Gernhardts. Gernhardt reiste auch viel. Seine Erlebnisse hielt er in `Brunnen-Heften´ fest (nach der Marke der Hefte bezeichnet). 2012 veröffentlichte der S. Fischer Verlag eine Auswahl dieser Notizen. Interessant und unterhaltsam zu lesen, aber ein großes Reisebuch ergibt sich aus solchen Skizzen nicht automatisch.

Elias Canetti (1905-1994)
The Voices of Marrakesh (1967)

Canetti beschreibt die Gefühle, die Marrakesch in him auslöst und die Leute, denen er dor begegnet. Literarisch ansprechend, aber zu wenig ortsbezogen, als Reisebuch besondere Anregungen geben zu können.

Fabien Palmari, Eric Tournaire
La Touchkanie (2012)

Witzige Aufmachung im Stil eines handschriftlichen Tagebuches zu einem fiktiven Oststaat, der mit Klischees überhäuft wird. Der Humor dieser Satire ist jedoch nicht subversiv und einfallsreich genug, aus dem Buch mehr als einen harmlosen Lesespaß machen zu können.

c) 100 Humoristische Reisebücher und Länderkunden

Reiseführerparodien

Santo Cilauro, **Tom Gleisner,** **Robert Sitch**	Molwanien-Land des schadhaften Lächelns (a land untouched by modern dentistry) ★	2007
	San Sombrero-Karibik, Karneval und Kakerlaken (San Sombrero - Land of carnivals, cocktails and coups)	2008
	Phaic Tan- das Land des krampfhaften Lächelns (Sunstroke and Shoestring)	2008
Burkhard Müller-Ullrich	Komm mit nach Balkonien (Marco Polo Reiseführer)	2009
Jens Hüttenberg	Würgenberg- Weintrips zwischen Mecker und Ödwald ★	2009
Adam Russ	101 Places not to Visit	2005

Reiseberichte mit humoristischem Einschlag

Herbert Feuerstein	Feuersteins Reisen .. nach Alaska, Vanuatu, Arabien, Mexiko	2000
Herbert Feuerstein	Feuersteins Drittes: Reisen nach Thailand, Birma, New York und ins Eismeer	2004
Stefan Gärtner	Deutschlandmeise ★	2012
Mark Spörrle, **Lutz Schuhmacher**	„Senk ju vor träwelling" (Wie sie mit der Bahn fahren und trotzdem ankommen) ★	2008
Erich Scheuermann	Der Papalagi	1920

Beschreibungen von Völkern/Volksgruppen/Gesellschaften

Reihe Xenophobe´s Guides

Antony Miall **David Milsted**	Xenophobe's guide to the English ★	1993
Nick Yapp **Michel Syrett**	Xenophobe's guide to the French ★	1993
John Richards	Xenophobe´s Guide to the Welsh	1993
Ken Hunt	Xenophobe´s Guide to the Aussies	1993
Drew Launay	Xenophobe´s Guide to the Spanish	1993
Peter Berlin	Xenophobe´s Guide to the Swedes	1994
Louis James	Xenophobe´s Guide to the Austrians	1994
Antony Mason	Xenophobe´s Guide to the Belgians	1995
Rodney Bolt	Xenophobe´s Guide to the Dutch	1995
Paul Bilton	Xenophobe´s Guide to the Swiss ★	1995
Christine Catley	Xenophobe´s Guide to the Kiwis	1996
Helen Dyrbye **Steven Harris**	Xenophobe's guide to the Danes ★	1997
David Ross	Xenophobe´s Guide to the Scots	1999
Ewa Lipniacka	Xenophobe´s Guide to the Poles	2000
Anthony Marais	Xenophobe´s Guide to the Californians	2000
Vladimir Zhelvis	Xenophobe´s Guide to the Russians	2001
Vaugh Roste	Xenophobe´s Guide to the Canadians	2002
Frank McNally	Xenophobe´s Guide to the Irish	2005
Petr Berka **Ales Palan**	Xenophobe´s Guide to the Czechs	2008
Martin Solly	Xenophobe's Guide to the Italians ★	2008
Stephanie Faul	Xenophobe's guide to the Americans ★	2008
Richard Sale	Xenophobe's guide to the Icelanders ★	2009
Zhu Song	Xenophobe's guide to the Chinese ★	2010
Hilary Bird **Lembit Öpik**	Xenophobe´s Guide to the Estonians	2010
Tarja Moles	Xenophobe´s Guide to the Finns	2011

Reihe... Pauschal

Martin Betz	Die Berliner Pauschal	1998
Thomas Degering	Die Ostfriesen Pauschal ★	1999
Wolf Reiser	Die Bayern Pauschal	1998
Michael Rudolf	Die Pfälzer Pauschal	1998
Wolfgang Thon	Die Hamburger Pauschal	1998
Oliver Hofmeyer	Die Sachsen Pauschal	1998
Wolfgang Seidel	Die Schwaben Pauschal	1999
Gabriel Herbst	Die Badener Pauschal	1999
Ulrike Krawczk	Die Franken Pauschal	1999
Ulrich Wünsch	Die Rheinländer Pauschal	1999

Georges Mikes	How to be an Alien	1946
Georges Mikes	Switzerland for Beginners	1962
Georges Mikes	The land of the rising Yen- Japan	1970
Coline White & Laurent Boucke	The Undutchables	1989
Manfred Hofmann Michael Meisner	Der Telefonschwimmer	1990
R.W.B. McCormack	Tief in Bayern- Eine Ethnographie ★	1991
Denise Thatcher & Malcolm Scott	The I hate the French – official handbook	1994
Richard Hill	Great Britain Little England	1994
Martyn Ford Peter Legon	How to be British	2005
Dietmar Bittrich Stefan Stutz	Griechify your life. Kostenlos das Leben genießen	2011
Mark Patterson (Illustrations)	The British. An Awfully Useful Guide	2012
Alexe Popescu Doru Somesan	RO KIT-Romanian Identity in 50 components	2015
Bujdoso Attila	Magyarorszag Szubjektiv Atlasza Subjective Atlas of Hungary	2011
Victoria Kellaway Sergio J. Lievano	Colomia a comedy of errors	2014
Imants Resnis	Who are the Latvians?	2018

Ortsbeschreibungen

Jim Connolly	The Culchies Guide to Dublin	2009
John Monsen, Jory John	I feel relatively neutral about NY ★	2010
Dixe Wills	Places to hide	2006
Jim Hankinson	Bluffers guide to Paris	2007

Länderübersichten

Favell Lee Mortimer	Near Home, or, The Countries of Europe Described; Neuausgabe: the clumsiest people in Europe	1852/ 2007
Richard Hill (Hrsg.)	Have you heard this one- an anthology of European Jokes	1994
Richard Hill	Newcomers	1995
Richard Hill	We Europeans	1997
Robert Young Pelton	The World's Most dangerous Places	1997
Denise Thatcher & Malcolm Scott	The I hate Europe- official handbook	1994
Dixe Wills	New World Order ★	2007
Mike Haskins	When in Rome..	2012
Giulio Callegari Marie Misset Lorenzo Callegari	Tourista le monde vu par les Francais	2014

Sprachen und Sprachwitz

Willy Astor	Unverrichter der Dinge: Humor direkt vom Erzeuger	2006
Colleen Geske	Stuff Dutch people say	2015

Schaubilder/Grafiken

Ralf Nestmeyer	**Gefühldes Franggen-** Fakten über die fränkische Mentalität in Grafiken	2016
Astrid Schlupp-Melchinger	**Älles was mer wissa muss!** Baden und Württemberg in witzigen Grafiken.	2016
Clemens und Katja Ettenauer	**Wien in urleiwanden Grafiken**	2016

d) 10 Luftbildbücher, welche man kennen sollte

Autor	Titel	Jahr
Georg Gerster	Der Mensch auf seiner Erde ★	1975
William Garnett 1916-2006	The extraordinary landscape	1982
	Aerial photographs	1996
Robert Cameron 1911-2009	Above San Francisco ★	1969
Robert Cameron 1911-2009	Above New York	1988
Yann Arthus-Bertrand	Die Erde von oben ★	2001
	Frankreich von oben	2006
Gerhard Launer	Deutschland von oben	2004
Klaus Leidorf	Übersicht: Luftbilder von Klaus Leidorf	2002
Hajo Dietz	Nürnberg von oben	2010

e) 20 nützliche Listenbücher

Dietmar Bittrich	1000 Orte, die man knicken kann	2010
Michael Bright	1001 Natural Wonders you must see before you die	2005
D. Brown	501 must see cities	2008
Flip van Doorn	1000 Plekken die je echt gezien moet hebben-Nederland	2010
Helen Duffy	1000 great places to explore in Australia	2008
Christoph Engels	1000 Heilige Orte. Die Lebensliste für eine spirituelle Weltreise	2010
Frédérick Gersal	Les 1000 Lieux qu'il faut avoir vus en France	2008
Holly Hughes	500 places to see before they disappear	2008
Bernd Franco Hoffmann	111Eisenbahnorte im Rheinland,die man gesehen haben muss	2018
Bernd Irmgrund	111 Wirtshäuser, die man gesehen haben muss	2012
Christian Maiwurm	1000 Gründe in Deutschland zu reisen	2009
Armin E. Möller	101 Reisen mit der Eisenbahn- die schönsten Strecken in aller Welt	2013
Deutschland- Land der Ideen	365 Orte Eine Reise zu Deutschlands Zukunftsmachern	2011
Catherine Price	101 Places not to see before you die ★	2010
Patricia Schultz	1000 Places to see before you die	2006
Patricia Schultz	1000 Places to see in USA and Canada before you die	2007
Patricia Schultz	1000 Places to see before you die- Deutschland, Österreich und Schweiz	2007
Daniel Smith	100 Places you will never visit	2012
Time out (Ed. Sarah Thoroughgood)	1000 things to do in London for under £ 10	2009
(Weserkurier)	555 Dinge, die man in Bremen gemacht haben sollte	2010
Werner Röder	55 Gründe, Wuppertal zu lieben	2017

f) 10 Wichtige und ungewöhnliche Atlanten

Autor	Titel	Jahr
Friedrich Wilhelm Putzger	Historischer Schul-Atlas	1877
Carl Diercke	Schulatlas	1883
Arno Peters	Peters Atlas- die wahren Proportionen der Erde	1989
Leibniz Institut für Länderkunde	Deutscher Nationalatlas	Seit 1997
Helmut Schulze	Alexander Weltatlas	2000
Craig Robinson	Atlas, Schmatlas A Superior Atlas of The World	2007
Daniel Dorling Mark Newman Anna Barford	The Atlas of the Real World	2008
Judith Schalansky	Atlas der abgelegenen Inseln	2009
Stephan Hormes, Silke Peust (Kalimedia)	Atlas der wahren Namen	2011
Yanko Tsvetkov	Atlas der Vorurteile	2013
	Atlas der Vorurteile 2	2014

Literatur

Rainer Moritz, Reno Guntli
Die schönsten Buchhandlungen Europas
Gerstenberg, Hildesheim 2010

Irmgard Harrer
Wien und die Bücher, Bücher, Bücher
Metroverlag, Wien 2010

Henry Hitchings
Die Welt in Seiten
Liebeserklärungen an Buchhandlungen
Atlantik, Hamburg 2017

Dirk Kruse
Meine wunderbare Buchhandlung
Ars vivendi, Cadolzburg 2010

Andreas Licht (Fotografien)
Meine schöne Buchhandlung
Knesebeck, München 2017

Penny Mountain, Christopher Foyle
Foyles - a celebration
Foyles books, London 2003

Book lovers London
Metro Publications, London 2009

Buchkultur
Buchhandelsführer Wien,
Ausgabe 2007/2008, Wien 2007

Lonely Planet´s 1000 Ultimate Experiences
(Kapitel Top 10 Book shops)
London 2009

Webseiten- Allgemein

Bookstore Guide
www.bookstoreguide.org

Bookshops to love
http://www.nextstop.com/guide/l5pIpJskqiE/bookshops-to-love/

Reisebuchläden

Niederlande
http://www.reisboekhandel.nl/

Benelux
http://www.zwerftocht.nl/reisboek.htm

Paris und Frankreich
http://www.abm.fr/guides-et-cartes/librairies-de-voyage/

Spanien
http://www.periodismodeviajes.org/librer%C3%ADas-de-viajes/

Nordamerika
http://www.gonomad.com/alternatives/0503/alaskacook.html

Reisebücher

http://www.telegraph.co.uk/travel/artsandculture/travelbooks/4932008/The-20-best-travel-books-of-all-time.html

http://www.cntraveler.com/arts/2007/09/The-86-Greatest-Travel-Books-of-All-Time

http://www.onlineuniversities.com/blog/2010/08/100-best-travel-books-ever-written/

Weitere Buchladenbücher von Richard Deiss

(siehe auch <u>www.bod.de</u>)

Kaufhaus der Worte
222 Buchläden, welche man kennen sollte
Books on Demand, Norderstedt 2014